Fischer
Haben wir alle denselben Gott?

Helmut Fischer

Haben wir alle denselben Gott?

Zum Gott der hebräischen Bibel, Jesu und des Korans

Bibliografische Information
der Deutschen Nationalbibliothek: Die Deutsche
Nationalbibliothek verzeichnet diese Publikation in der
Deutschen Nationalbibliografie; detaillierte bibliografische Daten
sind im Internet über www.dnb.de abrufbar.

© 2015 Helmut Fischer
Haben wir alle denselben Gott?
Zum Gott der hebräischen Bibel, Jesu und des Korans

Satz und Design: Kurt Bangert
Herstellung und Verlag:
BoD - Books on Demand, Norderstedt

ISBN 978-3-7412-6636-2

Alle Rechte vorbehalten.
Kein Teil dieses Buches darf in irgendeiner Form
(Druck, Fotokopie oder einem anderen Verfahren)
ohne schriftliche Genehmigung des Autors reproduziert
oder unter Verwendung elektronischer Systeme
verarbeitet werden.

Inhaltsübersicht

Zur Einführung   1

1 Gott – ein „Spätling" in der Religionsgeschichte   4
1.1 Die biologischen Voraussetzungen für Religion und Gott   4
1.2 Der Mensch muss die Welt deuten   6
1.3 Die Vielfalt der Verursacher   8

2 Der Gott der hebräischen Bibel   9
2.1 Vom Jahwe des Sinai zum Staatsgott von Israel (14.–9. Jahrhundert v.Chr.)   9
2.2 Das Gottesverständnis der Propheten des 8. Jahrhunderts v.Chr.   14
2.3 Die Weiterentwicklung des Gottesverständnisses im babylonischen Exil   16
2.4 Das Gottesverständnis des Judentums seit dem Exil   20

3 Der Gott Jesu   26
3.1 Die Ausgangslage   26
3.2 Der Schwerpunkt von Jesu Gottesverständnis   27
3.3 Die Umbildung des jesuanischen Gottesverständnisses in der hellenistischen Welt   31

4 Der Gott des Korans   36
4.1 Das System des Islams   36
4.2 Der Gott des Islams   38
4.3 Kritischer Rückblick   43

5	**Auswertung**	47
5.1	Was kann verglichen werden	47
5.2	Das gemeinsame Paradigma –	
	Gott, der Schöpfer und Herr	48
5.3	Gott, der endzeitliche Richter	51
5.4	Wesenszüge Gottes	54
5.4.1	In der hebräischen Bibel	54
5.4.2	Im Koran	60
5.4.3	Bei Jesus	61
5.5	Zusammenfassung	63
6	**Schritt in die Gegenwart**	**65**
	Eine Erinnerung	71
	Ein Nachtrag	73
	Zitierte Literatur	76
	Weitere Veröffentlichungen des Verfassers	77

Zur Einführung

In Gesprächen, die im Dissens enden, bildet die Redensart „Wir haben doch alle denselben Gott" die rettende Formel, in der alle Unterschiede „irgendwie" eingebunden bleiben. Die Formel drückt zugleich aus, dass Kontroversen nicht weiter ausgetragen werden sollen. Die offiziellen Repräsentanten des Judentums, des Christentums und des Islams beteuern seit Jahrzehnten gleichlautend, dass die abrahamitischen Religionen denselben Gott haben und verehren. Sie signalisieren damit, dass sie zwar das interreligiöse Gespräch suchen, freilich unterhalb der für sie einstimmig beantworteten Gottesfrage.

Es ist aber eines, auf der diplomatischen Ebene und um des Religionsfriedens willen einen gemeinsamen Gott zu deklarieren; es ist ein anderes, zu klären, ob diese behauptete Voraussetzung tatsächlich gegeben ist. Letzteres soll hier versucht werden. In einer multireligiösen Gesellschaft steht die Gottesfrage schon lange zur Diskussion an. Angesichts der wachsenden Zahl von Muslimen in Europa und des islamischen Terrors in aller Welt hat die Frage nach dem einen Gott, auf den sich vor allem die abrahamitischen Religionen berufen, eine besondere Dringlichkeit erhalten.

Wenig Chancen hat der Versuch, zu vergleichen, wie *heutige* Juden, Christen und Moslems ihren Gott verstehen. Alle drei Religionen begegnen uns in so vielen und so unterschiedlichen Ausformungen, dass pauschale Vergleiche scheitern müssen. Alle drei Religionen beziehen sich hingegen auf schriftliche Urzeugnisse, an denen sich ihre Anhänger auch heute messen lassen müssen. Das sind im Judentum die Texte der Tora, der Propheten und der Schriften, deren Umfang und Form seit dem 1. Jahrhundert als verbindlich gelten. Im Christentum ist dieses Urzeugnis die Botschaft Jesu wie sie aus den neutestamentlichen Texten zu ermitteln ist, (nicht jedoch die unterschiedlichen Interpretationen der Botschaft Jesu und deren Fortbildungen in den unterschiedlichen Konfessionen). Das Urzeugnis des Islams ist der Koran, dessen Text nach islamischem Selbstverständnis der Engel Gabriel an den Propheten Mohammed zwischen 610–632 als Gottes authentisches und letztgültiges Wort Allahs übermittelt hat. Er gilt im islamischen Denken als verbindlich in der hocharabischen Fassung, die von einer Redaktionskommission des 3. Kalifen Uthman um 650 festgelegt wurde.

Für ein interreligiöses Gespräch, das über den Austausch von persönlichen Meinungen hinausgehen soll, müssen die Gottesprofile der hebräischen Bibel, Jesu und des Korans als Bezugspunkte offenliegen. Nur so lässt sich auch die Position der Gesprächspartner erkennen und einschätzen. Der Verfasser referiert nicht ein kirchliches Gottesverständnis, sondern skizziert, wie nach gegenwärtigem Wissensstand Gott in der Botschaft Jesu zum Ausdruck kommt. Damit öffnet er das Gespräch auch zu jenen Zeitgenossen hin, die für die Botschaft Jesu offen sind, aber die theistischen Voraussetzungen ihrer traditionellen Vermittlung nicht mitvollziehen können.

1 Gott – ein „Spätling" in der Religionsgeschichte

1.1 Die biologischen Voraussetzungen für Religion und Gott

Religion hat nur der Mensch. Bei keinem Tier konnten jemals religiöse Äußerungen beobachtet werden. Wenn das so ist, dann müssen wir nach jenen Besonderheiten des Menschseins fragen, die Religion möglich oder gar notwendig machen.

Nach heutigem Wissensstand hat sich vor etwa 7 Millionen Jahren in Afrika vom Urschimpansen eine Entwicklungslinie abgespalten, aus der vor etwa 2,5 Millionen Jahren der erste echte Mensch (homo erectus) hervorgegangen ist. Daraus entstand in Ostafrika vor etwa 200.000 Jahren die Gattung „homo sapiens", der moderne Mensch, der vor etwa 45.000 Jahren auch nach Europa gelangte und heute den gesamten Erdball besiedelt.

Die Tiere sind durch ihre Instinkte von Geburt an auf ihre Umwelt perfekt abgestimmt, damit aber zugleich in ihrem Verhalten festgelegt. Diese Instinktausstattung fehlt dem Menschen. Die Fähigkeit, in seiner Welt zu überleben, die das Tier schon bei seiner Geburt besitzt, muss sich der Mensch in vielen Jahren von Kindheit und Jugend erst lernend erwerben. Dafür ist er biologisch mit einem Hirnvolumen ausgestattet, das dreieinhalbmal so groß wie beim Schimpansen ist, und mit der Fähigkeit zur Lautsprache, mit deren Hilfe er sich seine Welt erschließen und die Vorstellungen über das Geschehen in der Welt austauschen kann. Die Sprache ermöglicht es ihm, sich als einziges Lebewesen seiner selbst bewusst zu werden und sich zu den ihm begegnenden Dingen und Ereignissen ins Verhältnis zu setzen.

Den Aufbau des menschlichen Gehirns, der Sprache erst möglich macht, hat der Hirnforscher Paul D. Mc Lean (Gassen 26-39) in einem vereinfachten Modell als einen Verbund von drei Hirnteilen veranschaulicht. Den entwicklungsgeschichtlich ältesten Hirnteil nennt er „Reptiliengehirn". Es umfasst das Stammhirn und Teile des Zwischenhirns und reguliert alle unbewusst ablaufenden lebensnotwendigen Vorgänge der vegetativen Systeme wie Atmung, Blutkreislauf, Biorhythmen, immunbiologische Reaktionen, Haushalt von Wärme, Flüssigkeit und Nahrung, Reflexe, Instinkte, Triebe und alle Erregungszustände. Das „limbische System" umschließt das Reptiliengehirn. Im limbischen System erleben wir Emotionen als Stimmungen und als Körpergefühle. Es sorgt dafür, dass unser Ausdrucksverhalten unseren Emotionen entspricht und organisiert unser Gedächtnis. Die jüngste Hirnebene ist die „Großhirnrinde", die das limbische System und das Reptilienhirn umschließt. Das Großhirn steuert alle willkürlichen Bewegungen, nimmt Sinnesreize bewusst wahr und verarbeitet sie. Es ist für die komplexen kognitiven Leistungen wie Sprechen und Denken zuständig. Die Hirnteile sind auf vielfache Weise miteinander vernetzt und ermöglichen es, dass der Mensch sich seiner selbst und seines Verhältnisses zur Umwelt bewusst werden kann. Wir wissen nicht, seit wann der Mensch alle anatomischen entsprechenden Voraussetzungen für die Sprache hatte (die Hirnareale und ihre Verbindungen, den gesenkten Kehlkopf und den nötigen Rachenraum für die Lautbildung und die Nervenverbindungen zur Atemmuskulatur). Da sich die genetische Ausstattung des homo sapiens bis heute nur unwesentlich verändert hat, kann man davon ausgehen, dass die Religionsgeschichte der Menschheit mit dem homo sapiens vor 200.000 Jahren begonnen hat.

1.1 *Der Mensch muss die Welt deuten*

Da beim Menschen – im Unterschied zum Tier – das Verhältnis zur Welt nicht mehr durch Instinkte geregelt wird, muss er sich durch Erfahrungslernen von Geburt an aktiv darum bemühen, die Vorgänge in seiner Umwelt zu verstehen und sich so darauf einzustellen, dass er und seine Gemeinschaft darin überleben können. Die Art und Weise, wie das Geschehen in der Welt gedeutet wird, bildet sich schon in den ersten Begegnungen des Neugeborenen mit der Welt, nämlich im Zusammenspiel mit der Mutter/Bezugsperson heraus. Der Säugling erfährt Welt in der Gestalt eines handelnden Wesens, das Hunger und Durst stillt, das Wärme und Geborgenheit gibt, das Wohlbefinden schafft und Störendes beseitigt. Diese Ereignisse werden als etwas erlebt, das von einem handelnden Subjekt bewirkt wird. Nach diesem Modell, wonach hinter jedem Vorgang ein handlungsfähiges Subjekt am Werke ist, das den Vorgang bewirkt, wird nun alles gedeutet, was geschieht. Diese Art des Weltverstehens, die in allen frühen Kulturen anzutreffen ist, bezeichnet man als das „subjektivische Paradigma", weil man in oder hinter allem, was geschieht, zielgerichtet handelnde Subjekte (Verursacher) annimmt. Menschen hören den Donner und sehen den Blitz. Wer verursacht diese bedrohlichen Ereignisse? Sie erfahren Regen und Sturm, Hitze, Eis und Kälte. Wer führt das herbei? Hier müssen mächtige Wesen wirken, die all das in Gang setzen und Werden und Vergehen, Tag und Nacht, den Wechsel von Licht und Finsternis in Gang halten. Bedrohliche Ereignisse möchte der Mensch möglichst abwehren, wünschenswerte möchte er in seinem Sinne herbeiführen. Das ist in diesem Weltverständnis nur zu erreichen, indem man auf die Verursacher dieser Ereignisse einwirkt, und zwar durch kultische Handlungen wie Tänze, Beschwörungen, kollektive Bitten, Opfergaben aller Art u.a.

1.2 Die Vielfalt der Verursacher

In den frühen Kulturen wurden für die Verursacher der Naturereignisse die unterschiedlichsten Vorstellungen entwickelt: unsichtbare Wesenheiten, Geister, Dämonen, fratzenhaft, tiergestaltig, monsterartig. In unserem Kulturkreis nahmen die verursachenden Mächte hinter allem Geschehen erstmalig in den Hochkulturen des Zweistromlandes seit etwa 5.000 v. Chr. in Göttern menschenartige Gestalt an. Der Gedanke, dass hinter allem, was ist und geschieht, nur ein einziger Verursacher, steht, nämlich ein einziger Gott, wurde erstmals um 500 v. Chr. von Israels Propheten formuliert. Trägt man die Menschheitsgeschichte, die vor 2,5 Millionen Jahren begann, auf ein Zehn-Meter-Band auf, so beginnt die Religionsgeschichte bei Meter 9. Die Götter erscheinen bei etwa 9.97 m und der eine und einzige Gott bei 9.99 m. Das ist das letzte Tausendstel der Menschheitsgeschichte und das letzte Hundertstel der Religionsgeschichte. Die Konzentration aller Verursachersubjekte in einem einzigen Allverursacher und Alleinverursacher ist die konsequenteste Deutungsmöglichkeit von Welt innerhalb eines personal gedachten subjektivischen Paradigmas/Weltverständnisses. Es sei hier lediglich angemerkt, dass etwa zeitgleich zum monotheistischen Weltverständnis der Juden in Griechenland ein nichtpersonales monistisches Weltverständnis entstanden ist.

2 Der Gott der hebräischen Bibel

2.1 Vom Jahwe des Sinai zum Staatsgott von Israel (14. – 9. Jh. v. Chr.)

Über die Geschichte und den Charakter des Gottes Jahwe (JHWH) wissen wir nichts. Der Gottesberg, auf dem Jahwe verehrt wurde, lag im nordarabischen Bereich. Die Namen Sinai oder Horeb sind erst spätere Zuschreibungen. Zu erschließen ist nur, dass ein Stamm oder eine Gruppe von jenen Stämmen, die später in den Stämmeverband Israel eingegangen sind, den Gott Jahwe auf ihren Wanderungen kennengelernt hatten. Diese Leute gehörten zu denen, die auch am ägyptischen Exodus-Erlebnis teilgenommen und Jahwe als einen Gott erlebt hatten, der sie auf den Weg in das gelobte Land schützend begleitete. Sie sind wie andere Halbnomadenststämme in den Jahrhunderten schon vor 1200 v. Chr. friedlich in die Freiräume Palästinas eingewandert und haben sich hier mit anderen Stämmen (12 ist eine symbolische Zahl) zu einem Stämmeverband („Israel") zusammengeschlossen. Der Name „Israel" wird zum ersten Mal 1220 v.Chr. erwähnt.

An Jahwe, den die eine Gruppe als Beschützer auf dem Weg durch die Wüste verstanden, lagerten auch andere Gruppen ihre geschichtlichen Erfahrungen an. So wurde Jahwe zugleich als der Gott verstanden, der das Volk aus der ägyptischen Gefangenschaft befreit hatte, der es durch das Schilfmeer geführt und der ihm das Land Kanaan verheißen hatte. Diese Beiträge zum Verständnis Jahwes wurden zu einem gemeinsamen Gott der Stammesgemeinschaft zusammengebunden. Das erzeugte eine gemeinsame kollektive Erinnerung, eine übergreifende Dankbarkeit und schuf die Basis für eine einheitliche kultische Gottesverehrung. Die Erzählung vom Bundesschluss Jahwes mit seinem Volk am Sinai wird erstmals in 2 Mose 34,10a erwähnt, und zwar in einem Text, der aus der Mitte des 10. Jahrhunderts stammt. Das ist die Zeit des Großreiches Israel unter den Königen David und Salomo. Diese Erzähltradition, die das Exklusivverhältnis zwischen Jahwe und dem Volk Israel zum Ausdruck bringt, ist demnach erst nachträglich in die Sinai-Begegnung vordatiert und so mit der Ursprungserzählung verbunden worden. Sie hält auch fest, dass dieser Gottesbund kein Vertrag zwischen gleichen Partnern war, sondern in seinen Inhalten, Bedingungen und Verpflichtungen des Volkes einseitig von Jahwe gesetzt wurde.

Als staatliche Größe wird Israel erst fassbar, als die Stämme des Nordens und des Südens um 1000 v. Chr. von David in einem politischen Staatsgebilde zusammengeführt wurden. David eroberte das

Gebiet zwischen den nördlichen und südlichen Stämmen, das bis dahin den Jebusitern gehörte, und machte das dabei gewonnene Jerusalem, das gleichsam auf neutralem Gebiet lag, zur Hauptstadt seines Reiches und zum Zentrum des Jahwekultes. Aus dem ehemaligen Bergnumen Jahwe war ein Stammesgott und der Gott eines Stämmeverbandes und nun der Staatsgott Israels geworden. Vor dem Hintergrund einer bereits 300jährigen Geschichte der Deutungen Jahwes lässt sich für die Zeit des davidisch-salomonischen Großreichs (um 1000 bis 926 v. Chr.) ein Vergleich zwischen dem Verständnis der kanaanäischen Baalim und Israels Jahwe skizzieren.

a) Die Völker in Israels Umfeld verehrten ihre Baale. Israel hingegen hatte nur einen Gott und verehrte auch nur diesen einen Gott, nämlich Jahwe. Jahwe stand nicht über den Baalim und den Göttern der anderen Völker, sondern hatte den gleichen Status wie diese. Israels Besonderheit war der Ein-Gott-Glaube. Das ist noch kein Monotheismus, sondern nur eine Variante des Polytheismus. Denn die Existenz und die Macht der anderen Götter als Götter wird nicht bestritten.

b) Die Baalim sind als Naturgottheiten ortsgebunden. Sie wohnen an herausgehobenen Stellen und wirken in ihrem Umfeld. Man verehrt sie, wenn man sich im Bereich ihres Wirkens aufhält. Der ehemalige ortsgebundene Berggott Jahwe hatte sich auf seiner Wanderung mit einem der späteren Stämme Israels zu einem ortsunabhängigen Gott gewandelt, dessen Wirkungsraum sein Volk war, das er auf seinem Weg schützte und begleitete. Er hat damit einen Charakter angenommen, der sich auf das Volk als Gemeinschaft bezieht.

c) Naturgöttern wendet man sich zu, wenn man in ihren Bereich zieht. Israel verstand Jahwe hingegen als einen Gott, der sich ihm als Volk zugewandt hatte. Nicht Israel hatte Jahwe erwählt, sondern Jahwe hatte Israel als sein Volk auserkoren.

d) Die Naturgottheiten forderten von ihren Verehrern Kult und Opfer. Das fordert Jahwe auch; aber er forderte kultische Verehrung eben exklusiv für sich (5 Mose 5,7). Dieses kultische Verhältnis zu Jahwe wurde bereits von den Propheten des 8. Jahrhunderts heftig kritisiert und durch ein ethisches Verhältnis des Gehorsams ergänzt, wenn nicht gar ersetzt (Am 5,21-24; Jes 1,13-17).

e) Die Baalim wurden in Kultbildern als gegenwärtig erkannt, dargestellt und verehrt. Jahwe galt hingegen weder als sichtbar noch als darstellbar. Die Erzählung von der Bundeslade, die in der Zeit Davids (um 1000 bis 965 v. Chr.) entstanden ist, drückt aus, dass Jahwe unverfügbar ist und nur sein Thron, nicht aber er selbst sichtbar ist und dargestellt werden kann. Mit der Bildlosigkeit Jahwes sicherte Israel den Glauben an den einen Gott ab. Denn jegliche Art von Götterbildern wertete man generell als „andere Götter".

Aus heutiger Sicht neigen wir dazu, die Inhalte unserer gegenwärtigen Gottesvorstellung bereits in die Gottesvorstellungen der früheren Epochen einzutragen. Deshalb sei hier vergegenwärtigt, was in der Gottesvorstellung Israels zur Zeit Davids und Salomos noch nicht enthalten ist.

- Israels Gott Jahwe war *noch nicht der Schöpfer des Kosmos*. Im Blick ist nur der Lebensraum des Menschen in Gestalt des Gartens Eden. Von den Gestirnen oder einer himmlischen Welt ist noch nicht die Rede.
- Gott war *noch nicht jenseitig*. Er ist körperlich in dieser irdischen Welt anwesend, formt den Menschen wie ein Töpfer aus dem Lehm der Erde und setzt ihn in den Garten, damit er ihn bebaue und bewahre.
- Gott war *noch nicht körperlos*, denn er wandelt im Garten und wirkt mit seinen Händen.
- Gott war *noch nicht allmächtig*. Er wollte Adam, dem Menschen, eine Hilfe schaffen, und er fertigte dafür die Tiere. Diese erwiesen sich aber als keine Hilfe. So schuf er erst im zweiten Versuch aus der Rippe Adams ein Wesen, das Adam entsprach.
- Gott war *noch nicht allwissend*. Nach der Geschichte des Sündenfalls (1 Mose 3) wusste Gott

nichts vom Ungehorsam des Adam und der Eva. Er musste die beiden sogar im Garten suchen.
- Gott war *noch nicht ewig*. Ewigkeit war noch keine Kategorie. Gott war für Israel immer der, der stets in der Gegenwart handelte.
- Gott war auch *noch nicht allgegenwärtig*. Er wurde immer nur in der jeweiligen Gegenwart als Beschützer und Helfer in Gefahren des Volkes erlebt und dafür angerufen.
- Gott war für den Einzelnen *noch kein persönliches Gegenüber*. Jahwes Gegenüber war das Volk.
- Jahwe war auch *noch nicht der einzige Gott*. Er war zwar der einzige Gott des Volkes Israel, aber er war nur einer unter den vielen Göttern der anderen Völker. Deshalb hatte er ja auch einen Namen.

2.2 *Das Gottesverständnis der Propheten des 8. Jahrhunderts v. Chr.*

Mit dem Tod Salomos 926 v. Chr. kam es zur Teilung des Großreiches. Im Südteil „Juda", zu dem auch Jerusalem gehörte, blieb die davidische Dynastie erhalten. Im Nordreich „Israel" riss sie ab und führte zu einer Serie von Königsmorden. Das Nordreich hatte mit Jerusalem die Hauptstadt und mit dem Tempel das kultische Zentrum verloren. So wurden in Bethel und Dan königliche Jahweheiligtümer errichtet. Der Thronsitz Jahwes und das Symbol von

Jahwes Gegenwart waren hier nicht die Lade, sondern die Darstellung eines Jungstiers als Postament für Jahwes Thron. Das wurde von den Jahwegläubigen bereits als ein Abfall zum Heidentum gewertet. Das Nordreich geriet sehr früh in eine Glaubenskrise. Seit der Mitte des 8. Jahrhunderts v.Chr. haben die Propheten hier ihre Stimmen erhoben. Micha prangerte an, dass sich Israel wie ein Hure benehme und den Baalim nachlaufe. Er kündigte den Zorn Jahwes an: „Ich reiße deine Ascheren (Steinskulpturen der Göttin Aschera) aus deiner Mitte und merze deine Städte aus" (Mi 5,13). Amos und Jesaja rügten im Auftrag Jahwes, dass sich das Volk auf den Kultbetrieb verlasse, und sie kritisierten den Verfall der Moral: „Ich hasse, ich verabscheue eure Feste, und eure Feiern kann ich nicht riechen. ... Weg von mir mit dem Lärm deiner Lieder! Und das Spiel deiner Harfen – ich höre es mir nicht an! Möge das Recht heranrollen wie Wasser und die Gerechtigkeit wie ein Fluss, der nie versiegt!" (Am. 2,21-24). Dazu Jesajas Wort des Herrn: „Bringt nicht länger nutzlose Gaben – mir ein abscheulicher Gestank! Unrecht und Festtag ertrage ich nicht! ... Schafft eure bösen Taten aus den Augen! Hört auf, Böses zu tun! Lernt Gutes tun, sucht das Recht ..." (Jes 1,13-17). Besonders Amos und Jesaja machten bewusst, dass das Verhältnis zu Jahwe nicht durch kultische Feste und Handlungen erledigt werden könne, die Priester im Namen des Volks vollzogen. Sie erinnerten an Jahwes Bund mit Israel, der vom Volk das Einhalten seiner Gebote forderte. Dadurch verlagerten sie das Verhältnis zu Jahwe von kollektiver Kultpraxis auf das persönliche Einhalten der Gebote. Das war ein deutlicher Schritt und Anstoß zur Individualisierung des Jahweglaubens.

Auch der Prophet Jeremia (berufen 603 v. Chr.) verkündete im Südreich Juda die gleiche Botschaft: „Stehlen, töten und ehebrechen und falsch schwören und dem Baal Rauchopfer darbringen und anderen Göttern nachlaufen" (Jer 7,9), das ist üblich. „Sie alle sind Ehebrecher, eine Gesellschaft von Betrügern!" (Jer 9,1). Deshalb Jahwes Wort: „Jerusalem werde ich zu Steinhaufen machen ... und die Städte Judas werde ich verwüsten" (Jer 9,10). Auf den Ungehorsam des Volkes reagiert Jahwe mit Zorn. Der äußert sich in Verwüstung, Vernichtung, Zerstreuung: „Ich werde sie unter die Nationen zerstreuen" (Jer 9,15). Die Androhungen seines Zorns führt Jahwe nicht selbst aus; er lässt sie durch andere Völker vollziehen. Damit wird Jahwe die Macht zugesprochen, für seine Strafaufträge auch über andere Völker verfügen zu können.

2.3 Die Weiterentwicklung des Gottesverständnisses im babylonischen Exil

Um die Mitte des 8. Jahrhunderts v. Chr. begannen die Assyrer ihre Macht über den syrisch-palästinischen Raum auszuweiten. Tiglatpileser III. (745–727 v. Chr.) hatte bereits 740 das nördliche Syrien annektiert. Ungeschicktes diplomatisches Verhalten der Könige Israels führte dazu, dass 722 v. Chr. das Nordreich zur assyrischen Provinz wurde. Das Staatsgebilde und seine Dynastie schieden damit aus der Geschichte aus. Die Oberschicht wurde nach Mesopotamien und Medien deportiert und ging in der dortigen Bevölkerung auf. Das Südreich Juda verhandelte geschickter. Hier erkannte man die assyrische Oberhoheit an, und die Könige blieben als Vasallen der Assyrer im Amt. Der assyrische Reichsgott erhielt aber im Tempel von Jerusalem einen Altar und degradierte Jahwe zum Nebengott. Gegen Ende des 7. Jahrhunderts v. Chr. verfiel die Macht der Assyrer. Juda konnte unter König Josia (639/38–609 v. Chr.) Freiraum und Eigenständigkeit zurückgewinnen und nutzte die Zeit zu einer umfassenden Reform und zur konsequenten Zentralisation des Jahwekultes in Jerusalem. Auch die assyrischen Kultsymbole verschwanden wieder.

Als neue Großmacht setzten sich die Babylonier im syrisch-palästinischen Raum gegen die Assyrer und auch gegen die Ägypter durch. Als Judas König Jojakim die Tributzahlungen an die Babylonier einseitig aufkündigte, eroberten die Babylonier Jerusalem, holten sich den Tempel- und Palastschatz und deportierten 597 v. Chr. die Oberschicht Judäas und König Jojachin nach Babylonien. Auch Ezechiel musste ins Exil. Er wurde 593 v. Chr. nahe Babylon zum Propheten berufen. Mehrere Aufstände führten dazu, dass Jerusalem 586 v. Chr. von den Babyloniern erneut eingenommen, geplündert und jetzt auch niedergebrannt wurde. Die Stadtmauern wurden geschleift und der Tempel zerstört. Das war auch das Ende des Staates Juda und der Dynastie Davids. Die Babylonier strebten im Gegensatz zu den Persern nicht den völkischen Untergang der Deportierten an, sondern verbrachten sie in geschlossene Wohngebiete am unteren Euphrat und Tigris. Dort konnten sie auch Grundbesitz erwerben und hatten als Halbfreie einige Rechte.

Wie aber konnten die Deportierten im Exil ihre Identität bewahren? Im unreinen Land konnten sie keinen legitimen Opferkult ausführen, und auch das zentrale Kultzentrum in Jerusalem lag in Schutt und Asche. Das Jahweverständnis von Hosea bis Jeremia wurde jetzt zur wesentlichen Stütze. Die Propheten hatten bereits dem Jahwekult die zentrale Stellung genommen. Besonders Jeremia hatte gelehrt, die Deportation sei nicht als Sieg der fremden Götter über Jahwe zu sehen, sondern sie sei als Macht Jahwes über die anderen Völker und deren Götter zu erkennen. Damit konnte die Deportation als Jahwes Strafe hingenommen werden, mit deren Ausführung er die Babylonier beauftragt hatte. Da das kollektive Bekenntnis zu Jahwe im Kult hier nicht möglich war, musste es jetzt persönlich gestaltet werden, und zwar als Gehorsam des Einzelnen gegenüber Jahwes Geboten. Hier war es besonders das Gebot, den Sabbat zu achten und die Gesetze für diesen Tag zu halten. Mit dem Halten des Sabbats schuf man einen heiligen Raum, der an keinen geographischen Ort gebunden war, mit dem man sich auch in der Fremde von den „anderen" absetzen konnte. Der Sabbat erhielt einen so hohen Rang, dass er in der jetzt entstehenden jüngeren Schöpfungsgeschichte 1 Mose 1-2,4a zum bereits in der Schöpfung angelegten Ruhetag Gottes aufgewertet wurde. Daneben erhielt die Beschneidung der Jungen höchsten Wert als der unwiderrufliche Bekenntnisakt zu Jahwe und der Zugehörigkeit zu seinem erwählten Volk. Wahrscheinlich ist im Exil auch die Einrichtung der Synagoge als einer Zusammenkunft zu einem kultlosen Wortgottesdienst entstanden,.

Der entscheidende Schritt im Gottesverständnis Israels begegnet uns in den Texten Deuterojesajas (2. Jesaja), die in Jes 40–55 erhalten sind. Wir kennen den Namen dieses Propheten nicht, der sich gegen Ende des Exils (538 v. Chr.) zu Wort meldete. Für Deuterojesaja ist Jahwe nicht mehr nur ein Gott, der andere Völker zu Strafaktionen einsetzen kann. Er sieht in Jahwe bereits den Gott über alle Völker dieser Erde, und zwar als den einzigen Gott: „Ich bin Herr, und keiner sonst. Außer mir gibt es keinen Gott. ... Ich bin der Erste, und ich bin der Letzte, und es gibt keinen Gott außer mir" (Jes 45,5; 44,6). Mehr noch: Der Herr aller Völker, der bisher nur für das irdische Geschehen zuständig war, ist nun auch zum Schöpfer Himmels und der Erde aufgestiegen: „Hat doch meine Hand die Erde gegründet, und meine rechte den Himmel ausgespannt" (Jes 48,13). Darin sind bereits die Klänge der babylonischen Schöpfungsgeschichte *enuma-elisch* zu hören, die

die Deportierten im Exil kennengelernt hatten. Deren Gedanken und Anschauungen sind auch in die jüngere Schöpfungsgeschichte 1 Mose 1–2,4a eingegangen, die von jüdischen Priestern noch in oder nach dem Exil verfasst wurde. Das babylonische Exil endete offiziell mit dem Edikt des Perserkönigs Kyros des Großen von 538 v. Chr. Aus der Religion der Israeliten ging in den religiösen Prozessen der Exilszeit die Gestalt des Judentums hervor.

2.3 Das Gottesverständnis der Juden seit dem Exil

Im Exil ist das Jahweverständnis Israels umgestaltet worden. Aus dem Stammes- und Volksgott Jahwe, der zunächst neben den Göttern der anderen Völker stand, war der eine und einzige Herr aller Völker geworden. Als Schöpfer des Kosmos war er nicht mehr nur der Herr des irdischen Geschehens, sondern nun auch der Herr der himmlischen Region, jener zweiten Ebene des alten Weltbildes, die über dem Lebensbereich aller irdischen Kreaturen liegt. Als solcher wirkte er nicht mehr mit seinen Händen, sondern schuf, was werden sollte, durch sein Wort. Der diesseitig nahe war zum jenseitig fernen Gott geworden. Die Engel erhöhten noch seine Erhabenheit im Himmel und stellten zugleich Kontakt und Nähe zu den Menschen her: „Jahwe hat im Himmel seinen Thron errichtet, und sein Königtum herrscht über das All. Lobt den Herrn, ihr seine Boten, ihr starken Helden, die ihr sein Wort vollbringt" (Ps 103, 19f.).

Mit dem neuen Gottesverständnis hatten die Juden als das von Gott erwählte Volk auch in der Welt eine neue Rolle gefunden. Das Volk verstand sich jetzt als Knecht und Diener Gottes, dem aufgetragen war, Gottes Recht als Heil zu allen Völkern zu bringen. Deuterojesaja verkündete das im Namen Jahwes so: „Zum Licht für die Nationen werde ich dich machen, damit mein Heil bis an das Ende der Erde reicht" (Jes 49, 6).

Ihr Bekenntnis zu dem einen und einzigen Gott drückten die Juden seit dem Exil durch das Einhalten der Gebote, besonders der Sabbat-Gebote und durch die Beschneidung aus. Diese Ausdrucksformen, sich zu Jahwe zu bekennen, halten die Juden in ihrer weltweiten Zerstreuung, selbst in ihren säkularsten Ausprägungen bis heute als Volk und als Glaubensgemeinschaft zusammen.

Nach seinem Sieg über die Babylonier entließ der Perserkönig Kyros der Große die Deportierten aus ihrem Exil. In mehreren Schüben kehrten sie mit dem im babylonischen Exil gewonnenen neuen Gottesverständnis ab 538 v. Chr. nach Judäa zurück. Kyros hatte in einem Edikt auch angeordnet, den Jerusalemer Tempel wieder aufzubauen und ihm die geraubten heiligen Geräte zurückzugeben. In der Zeit der Kultreformer Esra und Nehemia (445–433 v. Chr.) wurde das Volk auf ein ausführliches Gesetz verpflichtet, und das Judentum erhielt vom persischen Staat den Status einer „religio licita" (einer erlaubten Religion).

Mit der Schlacht bei Issos 333 v. Chr., in der der Makedonier Alexander der Große (336–323 v. Chr.) das persische Heer besiegte, ging der Siedlungsraum der Juden aus dem Machtbereich der Perser in den der Hellenisten über. In der Zeit Alexanders wurde in Samarien ein samaritanischer Tempel gegründet, wo nur der Pentateuch (5 Bücher Mose) galt. Damit trennten sich die Samaritaner von der jüdischen Glaubensgemeinschaft. Nach Alexanders Tod wurde sein Reich in drei Staatswesen aufgeteilt. Die Juden gehörten fortan bis 64 v. Chr. zum Staat der Seleukiden. Diese hellenistischen Herrscher aus dem makedonischen Adel verstanden sich wie die orientalischen Herrscher als Heilande, als auf Erden erscheinende Götter. Sie strebten eine Hellenisierung ihrer Völker in Sprache und Kultur an, und zwar auf der Basis hellenistischer Bildung. Diese hellenistische Überfremdung empfanden die Juden als Gefahr für ihre Identität und erlebten die Seleukidenzeit als eine Phase der Unterdrückung. In Palästina wurde das Griechische zur Umgangssprache, und in Alexandria wurde seit dem 3. Jahrhundert v. Chr. die hebräische Bibel ins Griechische übersetzt und so den in der Diaspora lebenden griechisch sprechenden Juden zugänglich gemacht. Griechischer Geist drang besonders außerhalb Palästinas über philosophische Strömungen auch in die jüdische Religion ein. Der Alttestamentler Antonius H. J. Gunneweg bezeichnet die Epoche des

Hellenismus als die „Zeit eines beginnenden Weltjudentums" (Gunneweg 144).

Durch die unterschiedlichen Besatzungsmächte, die stets ihre religiösen Symbole und Gedanken mitbrachten, und durch den Kontakt mit der babylonischen und persischen Religion in und nach dem Exil haben die Juden religiöse Gedanken kennengelernt, die sie dann in ihr eigenes Gottesverständnis integriert haben. So hat sich der babylonische Schöpfungsmythos in der priesterlichen Schöpfungsgeschichte niedergeschlagen und den Himmel als Gottes Machtbereich erschlossen.

Im Machtbereich der Perser waren die Juden der Vorstellung aus der zoroastrischen Religion begegnet, nach der Gott ein Endgericht halten wird, zu dem alle Toten auferweckt werden. Nach israelitischem Weltverständnis dämmerten die Toten in der lichtlosen Unterwelt dahin, getrennt und abgeschnitten von Jahwe. Die nachexilischen Juden integrierten den Gedanken des Endgerichts und damit die Hoffnung auf eine Auferstehung der Toten in ihren Jahwe-Glauben. Jetzt konnten sie auch erwarten, dass die Unterdrücker im Endgericht von Jahwe zur Rechenschaft gezogen werden. Außerdem wurde mit der Auferstehung zum Endgericht der Machtbereich Jahwes auch auf die Unterwelt ausgedehnt. Jahwe war jetzt der Herr über Erde, Himmel und Unterwelt. Der Psalmist kann feststellen: „Ob ich sitze oder stehe, du weißt es ... Stiege ich hinauf zu dem Himmel, du bist dort, und schlüge ich mein Lager auf im Totenreich, sieh du bist da ... Ließe ich mich nieder am äußersten Ende des Meeres, auch dort würde deine Hand mich leiten und deine Rechte mich fassen" (Ps 139,1; 8-10). Damit war die Vorstellung vollendet, dass der einzige Gott über alle Bereiche im alten Weltbild der drei Stockwerke herrscht. Die Hoffnung auf eine Auferweckung ist erstmals im Buch Daniel 12,2 dokumentiert: „Auch viele von denen, die im Erdstaub schlafen, werden erwachen, die einen zum ewigen Leben und die anderen zur Schmach, zur ewigen Abscheu." Dieser Text aus dem jüngsten Buch der hebräischen Bibel stammt aus dem Jahr 168 v. Chr., einer Zeit, in der die Juden unter dem Hellenisierungsdruck der Seleukiden besonders litten. Zur Zeit Jesu gehörte die Hoffnung, dass Gott die Toten auferwecken werde, zum Glauben der Juden, den nur die Sadduzäer ablehnten. Gott war nicht nur der Herr über Leben und Tod, er war jetzt auch der Herr über die Lebenden und die Toten. Er war zum Allherrscher (Pantokrator) geworden. Das besondere Verhältnis zum Volk Israel war damit keineswegs aufgehoben. Schon Deuterojesaja sagte: „Nur bei **dir** (Israel), ist ein Gott, und sonst gibt es keinen" (Jes 45,14). Israels Gott Jahwe ist zum Gott aller Völker geworden. Der Religionswissenschaftler Karl-Heinz Ohlig sagt das so: „So resultiert also der Monotheismus aus der Religionsgeschichte und den Erinnerungen Israels mit *Jahwes Handeln in seiner Geschichte*; der Monotheismus ist die Gestalt, die der ererbte Monokult unter den neuen Bedingungen der Individualisierung und der Weitung des Horizonts im ‚universalen' babylonischen Reich annahm, um noch weiter praktiziert werden zu können. Es ist die theoretische Begründung einer älteren Praxis in einer neuen Situation (und nicht Produkt einer abstrakten Überlegung, etwa: Es kann nur *einen* Unendlichen geben o.ä.)" (Ohlig 2002, 205). Der jüdische Monotheismus kann noch nicht als „universal" bezeichnet werden, da er den Juden eine Sonderstellung in der Welt der Völker zuspricht. Mit seinen Sabbat-, Beschneidungs- und Reinheitsgesetzen grenzt sich das Judentum deutlich von den Heiden ab. Der monotheistische Jahwe hat zwar seine Macht über alle Völker der Erde ausgeweitet, bleibt aber mit seinem exklusiven Verhältnis zu seinem erwählten Volk eine Stammesreligion eben dieses Volkes.

3   Der Gott Jesu

3.1   Die Ausgangslage

Seit das Lebewesen „Mensch" in der Lage ist, sich seiner selbst bewusst zu sein, versteht es das Geschehen um sich herum im subjektivischen Paradigma (Weltverständnis). Danach erscheint jedes Ereignis von einem Verursacher bewirkt, und zwar mit Absicht und zu einem bestimmten Zweck oder Ziel. Die verursachenden Subjekte in oder hinter den Vorgängen konnte man sich unterschiedlich vorstellen: als unsichtbare Geister aller Art, in Tiergestalt, und seit den Hochkulturen in Menschengestalt von Göttinnen und Göttern. Sowohl in Ägypten wie in Mesopotamiens Kulturen gab es Tendenzen, die Vielzahl der verursachenden Gottheiten in einer einzigen Verursachergestalt zu konzentrieren. Die erste Kultur, in der es auf Dauer gelungen ist, das Weltgeschehen aus einer einzigen Referenzgestalt zu erklären, war die jüdische Kultur: „Höre Israel: Der Herr, unser Gott, ist der einzige Herr" (5 Mose 6,4).

Diese konsequenteste Ausdrucksform des subjektivischen Weltverständnisses musste sich im geschlossenen Siedlungsraum der Juden zur Zeit

Jesu kaum noch gegen ein vielgöttliches Weltverständnis abgrenzen und galt bereits als die selbstverständliche Weise, die Welt und das Geschehen in ihr zu verstehen. Die monotheistische Version des subjektivischen Weltverständnisses hatte aus seiner Geschichte und im Laufe seiner Entwicklung vor der Zeit Jesu mehrere konkrete Inhalte in sich aufgenommen. Das war zum einen die bleibende Erwählung und das besondere Verhältnis Gottes zum Volk Israel. Das war zum anderen der Gedanke, dass Gott nicht nur der Schöpfer von Welt und Mensch ist; er hat darüber hinaus seinem Volk und den Menschen auch Grundregeln des Verhaltens vorgegeben und er wird sie im Endgericht als Richter auch daran messen. Schließlich war unter den bedrückenden Verhältnissen der Seleukidenzeit (312–64 v.Chr.) der Gottesgedanke auch mit der Hoffnung aufgeladen worden, Gott werde eine neue und bessere Weltzeit heraufführen.

3.2 Der Schwerpunkt von Jesu Gottesverständnis

Als Kind seiner Zeit hat Jesus die Welt im Modell der monotheistisch geprägten subjektivischen Sicht verstanden, und zwar einschließlich der genannten zusätzlichen jüdischen Inhalte. Zunächst fällt auf, dass Jesus kein Verhältnis zum Kult hatte. Wie bei den Propheten des 8. Jahrhunderts vor Christus zeigte sich für ihn das Verhältnis zu Gott im ethischen Verhalten des Einzelnen. Wo es um das Wohl des Menschen geht, da setzte er sich über die Sabbatgebote hinweg. Beschneidung erwähnte er nirgendwo.

Auch Lehren über Gott und dessen Wesen sucht man bei ihm vergeblich. Denn Gott war für ihn kein jenseitiger Gegenstand, über den sich abstrakt reden ließ. Für ihn war Gott eine Dimension des Menschseins, die im jeweiligen Menschen aufscheint oder eben nicht. Das ist weder mystisch noch philosophisch gemeint, sondern konkret und realistisch.

Die Zeitgenossen und Jünger Jesu sahen seine Botschaft bereits in einem Satz angekündigt, den sie seinem ersten öffentlichen Auftreten zuordneten, nämlich: „Erfüllt ist die Zeit und nahe gekommen ist das Reich Gottes" (Mk 1,14). Diesem Satz ist zu entnehmen, dass er auf eine Frage Antwort gibt, die zur Zeit Jesu aktuell war. Der Hintergrund hierfür sei nur kurz angedeutet.

Israel hatte nach dem Untergang des davidischen Königshauses die Weissagung des Propheten Natan über das Haus David nicht vergessen. Natan hatte dieses Wort Gottes an David ausgerichtet: „Für alle Zeiten werde ich den Thron seines Königtums fest stehen lassen ... Dein Haus und dein Königtum sollen für alle Zeiten Bestand haben" (2 Sam 7,13/16). Bereits der Prophet Ezechiel, der zu den ersten gehörte, die ins babylonische Exil geführt wurden, sagte im Namen Jahwes: „Ich werde einen einzigen Hirten über sie auftreten lassen, und dieser wird sie weiden, meinen Diener David" (Ez 34,23). In Zeiten der Bedrückung und Bedrängnis lebte die Hoffnung im Judentum auf einen wiederkommenden gesalbten König (Messias) stets auf. Gedacht war an einen Messias, der Frieden herbeiführen wird. Während der bedrückenden Herrschaft der Seleukiden konnte man sich den künftigen König des Heils auch als Hohepriester oder als einen Propheten vorstellen. In den beiden Jahrhunderten vor Christus kamen Äonen- und Endzeitspekulationen hinzu, verbunden mit einer kosmischen Wende, in der dem erwarteten Messias unterschiedliche Rollen zugesprochen wurden. Schließlich machten seit 64 v. Chr. auch immer wieder Pläne oder Gerüchte eines nationalen Aufstands gegen die verhassten Römer die Runde sowie Fantasien, die Römer aus dem Land zu jagen. Der römische Statthalter zur Zeit Jesu war Pontius Pilatus (26–36). Er residierte selbstherrlich in Caesarea, ohne Rücksicht auf das religiöse Empfinden der Juden. Vielgestaltige Erwartungen eines bevorstehenden großen Umbruchs lagen in der Luft. Im Horizont und in der Sprache dieser Erwartungen brachte Jesus seine Botschaft zum Ausdruck. Was immer die Erwartungen eines Neuen in seiner Zeit sein mochten; das Neue, das er zum Vorschein brachte, war kein neuer Äon, der sich in einer kosmischen Katastrophe ankündigen würde, war auch kein politischer Umsturz, war auch nichts, was erst in der Zukunft zu erwarten war, und war schließlich auch nichts, was als jenseitiges Ereignis über die Menschen hereinbräche. Das Neue, das er aufschloss, war die

Wirklichkeit, die er als „Reich Gottes", als „Reich der Himmel" oder als „Herrschaft Gottes" bezeichnete. Dieses Neue bricht nicht über die Menschen herein, sondern bricht aus ihnen hervor, und zwar als die Möglichkeit, die allein der Mensch hat: aus der Grundhaltung des Liebens zu leben.

Alles geschöpfliche Leben ist darauf angelegt, sich gegen anderes Leben durchzusetzen, und sei es mit Gewalt. Dieser Konkurrenzkampf lässt sich schon in jedem Vogelnest beobachten. Der Mensch ist das einzige Lebewesen, das die Möglichkeit hat, das natürliche Instinktverhalten zu überschreiten und die Geschöpfe seiner Gattung im Überlebenskampf nicht als seine Konkurrenten zu sehen, sondern sie als seinesgleichen anzunehmen und mit ihnen zusammen im Geist gegenseitiger Achtung und wechselseitiger Verantwortung das Miteinander zu gestalten.

In der Art und Weise, in der Jesus mit Kranken, Schwachen, Ausgestoßenen, Verachteten und Abgeschriebenen umging, gab er zu erkennen, was er unter Reich oder Herrschaft Gottes verstand, nämlich das menschliche Wirken und Handeln aus dem Geist der Liebe. Für diese Art von Gotteswirklichkeit gab es noch keine Sprache, sondern in den neutestamentlichen Texten nur erste Ansätze. Paulus sagte es den Galatern so: „In Christus Jesus gilt allein der Glaube, der sich durch die Liebe als wirksam erweist" (Gal 5,6). In der johanneischen Sprache heißt es: „Gott ist Liebe, und wer in der Liebe bleibt, bleibt in Gott und Gott bleibt in ihm" (1 Joh

4,16). Das entspricht auch der Vorstellung vom Menschen als Bild Gottes. Der Mensch bildet in seinem liebenden Verhalten das Wesen Gottes ab und macht Göttliches im menschlichen Tun erfahrbar. Lukas formuliert: „Das Reich Gottes ist *mitten unter euch/ in euch*" (Lk 17,21). Gemeint ist: Gott ist da gegenwärtig und erfahrbar, wo Menschen aus dem Geist der Liebe handeln. Indem Jesus durch sein Wirken zu dieser höchsten Möglichkeit, Mensch zu sein, aufruft und ermutigt, ruft er das Reich Gottes aus. Im Wagnis des menschlichen Liebens wird Gott oder das Göttliche in unserer Welt konkret. Bei allem, was man im Weltverständnis der Zeit Jesu unter Gott dem Schöpfer und Erhalter verstanden haben mag, verdeutlichte Jesus, indem er selbst Liebe lebte und dazu ermutigte, was er unter Gott verstand. Eben diese Dimension von Gotteswirklichkeit kommt auch in den Wunderberichten und in den Gleichnissen zum Ausdruck.

3.3 Die Umbildung des jesuanischen Gottesverständnisses in der hellenistischen Welt

Jesus hat sich selbst weder als der von den Juden erwartete Messias noch als der „Sohn Gottes" in einem biologischen Sinne verstanden. Ein biologisches Kindschaftsverständnis zu Gott war in der jüdischen Kultur gar nicht denkbar und stellte eine todeswürdige Gotteslästerung dar. Im metaphorischen Sinn verstanden waren hingegen alle Juden Söhne und Töchter Gottes. In der Taufgeschichte (Mk 1,9-11) wird er – wie Israels Könige bei ihrer Inthronisation – durch eine Art von göttlicher Adoption „Du bist mein geliebter Sohn, an dir habe ich Wohlgefallen" (Mk 1,11) mit einem Auftrag in die Welt gesandt, nämlich, als Gottes Bild in der Welt zu leben, Menschsein im Sinne des Schöpfers zu verkörpern (3,2) und Gott als Liebe offenbar zu machen.

Aus diesem Impuls sind die ersten Gemeinden entstanden, nicht nur im Bereich des Judentums, sondern auch in allen Regionen der hellenistischen Kultur und des römischen Reiches. Dort aber wurde die Bezeichnung „Sohn Gottes" nicht metaphorisch und symbolisch, sondern im biologischen Sinn weithin faktisch verstanden. Im hellenistischen Raum galten besondere Persönlichkeiten als die leiblichen Söhne eines Gottes, so z. B. die Philosophen Pythagoras und Plato als leibliche Söhne des Gottes Apoll. Spuren dieses Denkens sind bereits in den Geburtsgeschichten der Evangelien des Matthäus und Lukas zu finden, die Ende des 1. Jahrhunderts entstanden sind. Sie waren dem Evangelisten Markus, der kurz nach 70 schrieb, noch nicht bekannt. In den johanneischen Texten, die zwischen 100 und 120 entstanden sind, begegnen uns bereits deutliche Spuren einer Vergöttlichung der Person Jesu. Im Johannesevangelium erscheint Jesus schon als „ein über die Erde wandelnder Gott" (Theissen 2001, 255), eine Vorstellung, die Jesus für seine Person strikt zurückgewiesen hat (Mk 10,18).

Bereits im 2. Jahrhundert ist der christliche Glaube von zwei Entwicklungen überformt worden, die den Schwerpunkt von der *Botschaft* Jesu auf die *Person* Jesu verlagerten. In der römischen Kultur, in die der Christenglaube eintrat, zentrierte sich Religion jeweils um eine Gottheit, deren Willen vor allem durch kollektive rituelle Handlungen und durch Tabuverpflichtungen zu entsprechen war. In diesem Umfeld geriet die Person Jesu notwendig in die Rolle eines Gottes, dessen Anordnungen seine Anhänger zu befolgen hatten. Jesu Person wurde zum verehrten göttlichen Objekt, und seine Einladung, aus dem Geist der Liebe zu leben und zu handeln, wurde zum göttlichen Gebot. So bereits Joh 15,12: „Das ist mein *Gebot*, dass ihr einander liebt, wie ich euch geliebt habe." Die Ermutigung zur Grundhaltung des Liebens, aus der sich ergibt, was zu tun ist, wird zur Pflicht, vorgegebene Taten der Liebe zu leisten. Das Minimum war, jeden Tag eine als gut anerkannte Tat zu erbringen. Aus der schöpferischen Kraft der Liebe wurde die Pflicht zu religiösen Leistungen.

Der hellenistischen Welt wurde der christliche Glaube von den Apologeten des 2. und 3. Jahrhunderts vermittelt, die als philosophisch Gebildete ihren Zeitgenossen den christlichen Glauben als die wahre Philosophie darstellten. Der gelebte Glaube, der die christlichen Gemeinden für Menschen jeglicher Herkunft attraktiv machte, wurde langfristig zu einer Lehre, vor allem über die Person Jesu, umgebildet, der man zuzustimmen hatte. Dieser Trend verstärkte sich, als der christliche Glaube im 4. Jahrhundert zur erlaubten und schließlich zur alleinigen Religion erklärt wurde. Im 4. bis 6. Jahrhundert wurde mit den Denkformen der neuplatonischen Philosophie die Lehre von der göttlichen Trinität entwickelt und unter dem Druck des Kaisers als verbindliches Dogma festgeschrieben. Danach hat Gott als Vater von Ewigkeit her Jesus als den Sohn gezeugt, der mit ihm wesenseins ist. Zusammen mit dem Heiligen Geist, der ebenfalls vom Vater (in der Westkirche auch vom Sohn) ausgeht, begegnet uns der eine Gott als eine von drei Personen in drei Seinsweisen. Mit diesem historisch bedingten neuplatonischen Denkmuster hat sich das Gottesverständnis der griechischen Philosophie gegenüber dem schlichten biblischen Monotheismus durchgesetzt, und das auf die Lebenswirklichkeit bezogene Gottesverständnis Jesu ist zugunsten eines Bekenntnisses zum alles verursachenden Vater in den Hintergrund gedrängt worden. In dem Maße, in welchem im christlichen Glauben die Person Jesu und das trinitarische Gottesverständnis in den Mittelpunkt traten, näherte sich das Christentum in der römischen Welt dem altrömischen Religionsverständnis an. Gott als die Bezugsgröße des Glaubens verlangte jetzt nach kultischer Verehrung und nach entsprechenden Praktiken. Damit entfernte sich das Christentum zunehmend von der Kultskepsis Jesu, die dieser mit den Propheten des 8. Jahrhunderts v. Chr. teilte. Die Versammlungen der Gemeinden wurden in den seit dem 4. Jahrhundert entstehenden Kirchengebäuden zunehmend zu Kultveranstaltungen altrömischen Stils. Das Religionsverständnis, das die in die christlichen Kirchen einströmenden Menschen aus ihrer heidnischen Zeit mitbrachten, begann auch den christlichen Glauben zu prägen.

Die Botschaft Jesu, nach der das über den Menschen hinausweisende Göttliche als die im Menschen angelegte Möglichkeit zur Liebe wirklich wird, ist in jedem Weltverständnis (Paradigma) lebbar und denkbar. Die christliche Religion hat die in Israel entwickelte monotheistische Variante des subjektivischen Paradigmas zum inhaltlichen Kern des Glaubens gemacht. Sie ist mit der Plausibilität, die dieses Paradigma in Europa und auch darüber hinaus in anderen Regionen hat, erfolgreich und groß geworden. Mit dem Umbruch des Weltverständnisses (Paradigmenwechsel), der sich in Europa schon weitgehend vollzogen hat, verliert die christliche Religion in dramatischer Weise ihre Plausibilität und ihre Zustimmung bei den Menschen.

4 Der Gott des Korans

(Der Korantext wird meist nach der Übersetzung von Paret zitiert. Die Übersetzungen von Max Henning werden nach der Angabe der Sure mit MH gekennzeichnet)

4.1 Das System des Islams

Das Gottesverständnis Jesu liegt uns nicht in Selbstzeugnissen, sondern in der Überlieferung seiner Jünger vor. Deshalb kann stets nur mit dem Instrumentarium historisch-kritischer Forschung geklärt werden, was authentisch zum Gottesverständnis Jesu gehört und was bereits bei der Überlieferung seiner Worte von den Jüngern eingetragen und umgeformt worden ist. Dieses Problem stellt sich im Koran nach islamischem Verständnis so nicht. Zwar ist in historischer Sicht der Koran ebenfalls ein Text, der von Menschen verfasst und in Schritten zu seiner heutigen Gestalt gefunden hat. Wie immer der Koran entstanden sein mag – die historisch-kritische Forschung hat hier noch vieles zu klären – der Korantext beglaubigt sich selbst, dass er von Gott stammt (Sure 32,2 MH): „Die Hinabsendung des

Buches ist ohne Zweifel von dem Herrn der Welt." Die göttliche Authentizität des Korans wird bereits durch das Grundbekenntnis gestützt, wonach Mohammed als Empfänger der göttlichen Botschaft und als Gesandter Gottes beglaubigt wird. Der Zirkelschluss bleibt gläubigen Moslems verborgen: „Mohammed weist sich als Gesandter Gottes dadurch aus, dass er den Koran verkündigt, der von Gott stammen muss, weil Mohammed behauptet, er stamme von Gott" (Kleine-Hartlage 79). Zusätzliche Stützen erhält der Koran durch seine sakralisierte hocharabische Sprache und durch seine Schönheit und Poesie. In den islamischen Gesellschaften gilt die göttliche Wahrheit des Korans als unbefragbare Tatsache. Als göttliches Dokument ist er insofern vollkommen und enthält Gottes unüberbietbares und einzigartiges Wissen. Die Zeit vor dem Islam gilt als Zeit der Unwissenheit wie auch alles Weltwissen außerhalb des Islams als Unwissenheit zu bewerten ist. Alles weltliche Wissen gilt als unislamisch und verachtenswert: Der Islam „wird dir Werte vermitteln, auf dass du auf alle gängigen Werte der Welt mit Verachtung blicken wirst" (Qutb 133f). Die koranische Wahrheit gilt hingegen ungebrochen seit Adam und Eva. Alle Menschen sind von Natur aus Moslems, denn nach Sure 7,172 f. haben alle Menschen den einen Gott in der Vor-Ewigkeit, ihrer vorgeburtlichen Zeit, nicht nur gekannt, sondern sogar bekannt. Aber die Religionen – auch die der Juden und Christen – in denen Menschen aufwachsen, haben sich von der ursprünglichen Wahrheit entfernt.

„Als (einzige wahre) Religion gilt bei Gott der Islam" (3,19). Im Koran ist die eine Wahrheit in voller Klarheit wieder neu und endgültig formuliert. Im Hadith (Sammlung der Worte Mohammeds) ist all das, was Mohammed im Einzelfall gesagt oder getan hat, so überliefert, dass auch die allgemein gehaltenen Stellen des Korans vom Hadith her genau zu verstehen sind. In der Scharia, dem umfassenden Gesetzeswerk, werden alle Pflichten gegenüber Gott und alle zwischenmenschlichen Beziehungen aufgeführt und geregelt. Auch die vorgesehenen Strafen für die Verfehlungen werden genannt.

Der in islamischen Gesellschaften aufgewachsene Moslem muss nicht alle Einzelheiten des Korans, des Hadith und der Scharia kennen. Sein Weltverständnis ist aber von der zirkulären Logik des Systems so geprägt, dass es für ihn sehr schwer ist, aus ihm herauszutreten und es aus der Distanz mit Kriterien einer eigenständigen Vernunft anzusehen.

4.2 Der Gott des Islams

Vorab zur Etymologie: „Allah" kommt von arabisch „al-ilāh". Es bedeutet „der Gott", und war schon in vorislamischer Zeit der Name eines altarabischen Hochgottes. (Allāt, von arab. al-ilāt, bedeutet „die Göttin". Sie galt in altarabischer Zeit als eine der drei Töchter Allahs). Lāh oder illāh entspricht dem semitischen ēl (Gott) und war in Arabien die Bezeichnung für jeden Stammesgott. Im Islam bezeichnet Allah den einen und einzigen Gott als Schöpfer und Richter.

Der im Islam immanente geschlossene Hintergrund muss präsent sein, wenn man das Gottesverständnis des Islams angemessen nachvollziehen und einordnen will. Im Islam ist der Glaube an den einen und einzigen Gott das tragende und das einzige Dogma, aus dem alles, was ist und geschieht, hervorgeht und die Lehre und Praxis des Islams bestimmt. „Es ist keine Gottheit außer Gott". Dieses Bekenntnis erschließt sich erst vor dem Hintergrund des arabischen Polytheismus und der christlichen Trinitätslehre. Im arabischen Polytheismus gab es viele Gottheiten und Muttergottheiten und auch viele geschlechtliche Beziehungen unter den Göttern und Göttinnen oder mit Menschen. Im Gegensatz dazu heißt es von Allah: „Er ist Schöpfer von Himmel und Erde. Wie soll er zu Kindern gekommen, wo er doch keine Gefährtin hatte ..." (6,101). Mit dem Blick auf die leiblich vorgestellte Gottessohnschaft Jesu wird betont: „Er hat weder gezeugt, noch ist er gezeugt worden" (112,3). Als Schöpfer steht er jenseits von Gezeugtwerden und Zeugen. Die Existenz Gottes ist so selbstverständlich, dass sie gar nicht zur Frage stehen kann.

Mit der oft wiederholten Formel „nichts ist ihm gleich" (42,11 u.ö.) wird Gottes Transzendenz zum Ausdruck gebracht. Diese Transzendenz wird so konsequent gedacht, dass es im Islam zwischen Gott und der Menschenwelt keinerlei vermittelnde Instanzen geben kann, und zwar weder in Gestalt einer Kirche noch in Gestalt von Sakramenten noch in Gestalt eines Sohnes, der Kunde vom Vater bringen könnte, oder in dem dieser sich selbst offenbar machen könnte. Gott ist die einzig wirklich handelnde Instanz. Er ist der Alleinverursacher. Auch der Mensch ist nur der Ort, in dem Gott allein wirkt, und zwar zum Guten wie zum Bösen: „Wen Gott irreführt, für den findest du keinen Weg" (4,88; 42,24). Alles, was (auch durch Menschen) geschieht, ist von Gott prädeterminiert, also festgelegt und veranlasst. Gott „weiß über alles Bescheid" (42,12). Er ist allwissend, allmächtig und allgegenwärtig und als Alleinverursacher in allem, was ist und geschieht.

Welche Aufgabe ist von diesem Gott dem Menschen zugewiesen? Dem Menschen ist Religion verordnet. Seine Aufgabe ist es, Gott zu bekennen und die Pflichten der Religion zu erfüllen, um so in das Paradies zu gelangen (42,12 f.). Denen, die das einlösen, ist er ein „barmherziger und gnädiger Gott", wie am Beginn aller Suren betont wird. Im Sinn eines Handels heißt es in Sure 9,111a: „Gott hat den Gläubigen ihre Person und ihr Vermögen dafür abgekauft, dass sie das Paradies haben sollen." Was ist der Preis und die Leistung, die der Mensch für den Einzug ins Paradies zu erbringen hat? „Nun müssen sie um Gottes willen kämpfen und dabei töten oder selber den Tod erleiden (das ist ein Versprechen, das einzulösen ihm obliegt" (9,111b). Da Kämpfen und Töten im Arabischen auf einen gemeinsamen

Sprachstamm zurückgehen, ist Kämpfen stets mit Töten verbunden. Die Verpflichtung, gegen die Ungläubigen Krieg zu führen und hart gegen sie zu sein (9,73; 9,123), schließt stets auch das Töten ein. Der Kampf gegen die Ungläubigen ist im Koran eine Kernpflicht für jeden Moslem, denn „als die schlimmsten Tiere gelten bei Gott diejenigen, die ungläubig sind und (auch) nicht glauben werden" (8,55). Haben Muslime mit Heiden aus praktischen Gründen zeitliche Abmachungen getroffen, so sind diese einzuhalten, aber nach dem Ablauf gilt generell für alle, die sich nicht zu Allah bekehren: „Tötet die Heiden, wo (immer) ihr sie findet. Greift sie, umzingelt sie und lauert ihnen überall auf." (8,5)

Auch Juden und Christen gelten als Ungläubige, solange sie sich nicht zu Allah bekennen. So heißt es an die Adresse der Juden: „Feindschaft und Hass ist zwischen uns offenbar geworden (ein Zustand der) für alle Zeiten andauern wird, solange ihr nicht an Allah allein glaubt." (60,4) Den Gläubigen wird eingeschärft: „Nehmt euch nicht meine und eure Feinde zu Freunden ... wenn (anders) ihr in der Absicht, um meinetwillen Krieg zu führen und im Streben nach meinem Wohlgefallen ausgezogen seid!" (60,1). „Nehmt euch keinen von ihnen zum Freund, ehe sie nicht auswanderten in Allahs Weg. Und so sie den Rücken kehren, so ergreift sie und schlagt sie tot, wo immer ihr sie findet." (4,89 MH) Allah versichert, dass auch er mit List gegen die Ungläubigen vorgeht: „Auch Gott schmiedet Ränke. Er kann es am besten." (8,30) Er sagt: „Wir werden sie Stufe um Stufe (ihrem Verhängnis entgegen-) gehen lassen, ohne dass sie wissen, was mit ihnen geschieht ... Meine List ist mit Bedacht angelegt." (68,44f). Denen, die Ungläubige getötet haben, wird zugerufen: „Und nicht ihr habt sie getötet ... Er wollte (mit alledem) seinerseits die Gläubigen etwas Gutes erleben lassen." (8,17) Der Auftrag Allahs lautet: „Tötet sie (das heißt: die heidnischen Gegner), wo immer ihr sie zu fassen bekommt ... Und kämpft gegen sie bis niemand (mehr) versucht (Gläubige zum Abfall vom Islam) zu verführen, und bis nur noch Gott verehrt wird." (2,191-193; 8,39) Im harten Kampf gegen die Ungläubigen, der Allahs Wille verwirklicht, liegt für den Moslem die Chance, sich das Paradies zu erkaufen (9,111).

Die Ungläubigen werden sich dem Zugriff Gottes nicht entziehen können. Ihnen droht im Endgericht das Höllenfeuer. Es gibt nur wenige Suren, die es versäumen, auf dieses Ende in der Hölle hinzuweisen. Der Sozialwissenschaftler Kleine-Hartlage stellt dazu fest: „Dass die Gläubigen (spätestens) im Paradies belohnt, die Ungläubigen aber (spätestens) in der Hölle bestraft werden, ist eines der Hauptthemen, wenn nicht gar *das* Hauptthema des Korans." (Kleine-Hartlage 66) Das Paradies wird hingegen alle Annehmlichkeiten bieten. Die Feuerhölle wird ewige Qual sein, in der die Ungläubigen endlos brennen. Ihr Durst wird mit siedendem Wasser (88,4) und mit ekeligem Eiter (42,16) gestillt werden. „Sie bekommen nur vertrocknete Dornsträucher zu essen," (88,6) „Sooft „ihre Haut gar ist, tauschen wir ihnen eine andere (dagegen) ein, damit sie die Strafe (richtig) zu spüren bekommen" (4,56). Gnädig und barmherzig ist Allah nur zu denen, die ihre Pflichten als Moslems erfüllen und zu denen, die sich zum Islam bekehren. Das Tötungsverbot gilt nur für Muslime (4,92).

Das Zentrum des koranischen Glaubens ist der unumschränkt waltende Gott und sein Gericht, vor das alle treten müssen. Die dem Menschen von Gott gegebene Aufgabe besteht darin, sich gegenüber den göttlichen Regeln so gehorsam zu verhalten, dass sie als Brücke in das Paradies führen. Das Wort „Islam" bedeutet „fraglose Unterwerfung unter den Willen Gottes". Die den Menschen aufgegebenen Pflichten sind über die fünf Säulen des Islams hinaus (Bekenntnis zu Allah und seinem Propheten, tägliche Gebete, Almosen, Fasten im Ramadan, Wallfahrt nach Mekka) der fraglose Gehorsam gegenüber den vielen im Koran und im Hadith vorgeschriebenen Forderungen, Rechts- und Verhaltensregeln für alle Bereiche des Lebens.

4.3 Kritischer Rückblick

In Allah, dem Gott des Korans, wurde das subjektivische Weltverständnis konsequent zum personifizierten Prinzip des Allein- und Allverursachers verdichtet und zum zentralen Glaubensinhalt erhoben. Durch diese Universalisierung rückt Gott in eine gedanklich transzendente Ferne, bleibt aber durch seine Gesetze, die das gesamte Leben regeln, in der Gestalt der ständigen Forderung dem Menschen nahe und gegenwärtig.

In islamischen Gesellschaften werden Gottes Forderungen in Gestalt der Scharia zum staatlichen Recht. Wird der Koran in seinem Gottes- und Weltverständnis so angewendet wie er sich selbst traditionell versteht, so ist es konsequent und geboten, ihn auch nichtmuslimischen Gesellschaften aufzunötigen. Sayyid Qutb, der Sprecher der Muslimbruderschaft formuliert das so: „Die Grundlage der Botschaft ist, dass die Scharia ohne Frage angenommen wird und alle anderen Gesetze, gleich welcher Form und welchen Zuschnitts, abgelehnt werden. Das ist Islam. Es gibt keine andere Bedeutung von Islam". (Qutb 36). „Die legale Beziehung der muslimischen Gemeinden zu anderen Gruppen beruht darauf, dass der Islam – die Unterwerfung unter Gott – eine universelle Botschaft ist, die die gesamte Menschheit entweder annimmt oder damit ihren Frieden macht. Kein politisches System oder materielle Macht dürfen der Predigt des Islams Hindernisse in den Weg legen. Jedes Individuum ist frei, ihn anzunehmen oder ihn zurückzuweisen, und wer ihn annimmt, darf nicht daran gehindert oder bekämpft werden. Tut dies doch jemand, ist es die Pflicht des Islams, ihn zu bekämpfen, bis er getötet ist oder seine Unterwerfung erklärt hat" (Qutb 57). Die konsequente traditionelle Anwendung des Korans führt zum Dschihad-System und legitimiert es.

Für den Dialog mit den Muslimen ist es unerlässlich, das Prinzip des koranischen Gottes und Weltverständnisses zu kennen. Nur vor diesem Hintergrund lässt sich abschätzen, wo und in welchem Maße der Gesprächspartner in seinem Denken und Handeln dem traditionellen islamischen Paradigma folgt. Westlich gebildete Muslime zeigen, dass man auch mit einem historisch-kritischen Verständnis des Korans Muslim sein kann. Ufug Özbe, Mathematiker und Physiker türkischer Herkunft, der hier in Jugendgruppen mehrerer Moscheen tätig war, sieht bei islamischen Reformern zwei Versuche, den Islam im europäischen Kontext akzeptabel zu machen. Er sagt, liberale islamische Reformtheologen möchten durch Neuinterpretation, Umdenken und Relativieren jene Koranstellen entschärfen, die einem humanitären Ethos widersprechen. Sie bleiben aber bei der Grundüberzeugung, dass der Koran die letztgültige Offenbarung Gottes ist. Solange dieses Grunddogma nicht aufgegeben werde, bliebe der Islam unreformierbar. Die akrobatischen Auslegungen der liberalen Reformtheologen überzeugen nicht, und sie widersprechen auch allen etablierten Schulen der islamischen Geschichte. Die andere Gruppe, die sich um Reformen bemüht, besteht aus jenen Islamkritikern, die mit dem Instrumentarium der Aufklärung, d. h. der historisch-kritischen Forschung, den Koran und sein Selbstverständnis in seiner historischen Bedingtheit erfassen und neu verstehen möchten. Dafür, meint Özbe, „müsste man ein distanziertes Verhältnis zum Koran und zum Propheten entwickeln. Dazu freilich sind Europas Imame noch nicht bereit. Davon ist die moderne Theologie auch noch weit entfernt. Selbst Kulturmuslime wagen es nur selten, offen Kulturkritik auszusprechen. ... Ansätze für eine ernsthafte Emanzipation fehlen. Diese Grundhaltung der Muslime ist vielleicht das größte Aufklärungshindernis" (Özbe).

5 Auswertung

5.1 Was kann verglichen werden?

Haben die hebräische Bibel, Jesus und der Koran den gleichen Gott? Wer davon ausgeht, dass die Welt in einem einzigen Gott gründet, der wird von allen drei monotheistischen Religionen her sagen, dass dieser Gott ja nur der eine und gleiche sein kann. In dieser universalistischen Ebene, die nur nach dem Verursacher von Welt und Leben fragt, lassen sich die konkreten Gottesprofile der abrahamitischen Religionen nicht näher betrachten.

Wovon kann also im Vergleich des Gottes der hebräischen Bibel, des Gottes Jesu und des Gottes des Korans überhaupt die Rede sein? Die Ausführungen dazu haben gezeigt, dass wir es nirgendwo unmittelbar mit dem jeweiligen Gott, sondern stets nur mit *menschlichen Vorstellungen von Gott* zu tun haben. Der lange Weg Israels zu dem einen und einzigen Gott hat veranschaulicht, dass sich diese Vorstellungen von Gott gewandelt haben. Aber mehr als die jeweiligen Vorstellungen von Gott haben wir nicht und können wir auch nicht haben. Deshalb lassen sich auch nicht der Gott der hebräischen Bibel, der Gott Jesu und der Gott des Korans miteinander vergleichen, sondern nur die dokumentierten Vorstellungen davon. In diesem Zusammenhang sollten wir uns auch bewusst machen, dass die Vorstellung eines einzigen Gottes – historisch betrachtet – erst im letzten Hundertstel der Religionsgeschichte bzw. erst im letzten Tausendstel der Menschheitsgeschichte aufgetaucht ist.

Im Vergleich lässt sich feststellen, was die Gottesvorstellungen der abrahamitischen Religionen gemeinsam haben, wo sie sich voneinander unterscheiden und wo sie einander ausschließen.

5.2 Das gemeinsame Paradigma – Gott, der Schöpfer und Herr

Gemeinsam ist allen drei Religionen, dass sie im subjektivischen Paradigma verfasst sind, das heißt in einem Weltverständnis, das nach dem Verursacher all dessen fragt, was ist und was geschieht. Die Juden erhoben ihren Stammesgott Jahwe in einigen Schritten zum einzigen und alleinigen Schöpfer und Erhalter der Welt und aller Völker. Sie sehen sich dabei als Volk durch den Bund, den Jahwe mit Israel geschlossen hat, von Gott auserwählt und privilegiert. Der Gott der hebräischen Bibel hat also auch als der eine und einzige den Charakter eines Stammesgottes.

Für Jesus und seine Kultur ist der eine Gott eine vertraute und selbstverständliche Denkform, die in seiner Welt nicht in Frage steht, die auch gegen niemanden mehr verteidigt werden muss. Jesus deklariert freilich keinen Glauben an einen jenseitigen Gott als Person und er belehrt auch nicht über ihn und seine Existenz. Indem er das Reich/ die Herrschaft Gottes verkündigt und ausruft, stellt er in seinem Tun und mit seinen Worten vor Augen, wie und wo das konkret und erfahrbar geschieht, wofür das Wort „Gott" steht. Gott ist da, wo Menschen in Liebe und Güte miteinander umgehen. Jesus redet nicht von einem Gott, der die Eigenschaft hat, lieb, gut und barmherzig zu sein. Er redet von Gott als einer Wirklichkeit, die nur im liebenden Verhalten von Menschen existiert. Er fügt nicht hinzu, dass die Liebe zum Nächsten ein Geschenk Gottes ist und von einem göttlichen Verursacher ausgeht, sondern dass liebendes Verhalten die Wirklichkeit darstellt, die mit „Reich Gottes" oder mit „Gott" gemeint ist. Augustinus hat das so gesagt: Die Nächstenliebe kommt nicht *aus* Gott, sondern sie *ist* Gott selbst.

Menschen, die das verstanden haben, haben sich zu Gemeinschaften zusammengefunden, haben aus diesem Geist der Liebe gelebt und haben so die Gottesbotschaft Jesu zunächst in die jüdische Umwelt und auch bald in die hellenistisch-römische Welt getragen. Eine besondere Lehre *über* Gott gab es neben der gelebten Gotteswirklichkeit in den ersten Christengemeinden lange Zeit nicht.

Der Koran hat die Vorstellung von dem einen und einzigen Gott vom Judentum und von jenen Judenchristen übernommen, die die Fortentwicklung zur trinitarischen Gottesvorstellung ablehnten. Der Koran erklärt, dass dieser Gott im Sinne Allahs bereits jedem Kind schon vorgeburtlich bekannt ist und zur Natur jedes Menschen gehört. Die Denkform des subjektivischen Paradigmas wurde damit zum Inhalt des Gottesglauben und zur religiösen Norm für alle Menschen erklärt. Allah ist zum souveränen Allverursacher und zum Alleinverursacher all dessen geworden, was ist, was geschieht, was Menschen tun und was sein wird. Dabei nimmt er despotische Züge an und duldet keinen eigenständigen Willen neben sich. Die Pflichten, die er den Menschen auferlegt, lassen sein Wesen inhaltlich näher erkennen.

Im Unterschied zum Gott Israels, der den Menschen als sein Bild versteht und von ihm erwartet, diesem Bild gerecht zu werden und die Welt aus seinem Geist zu gestalten, hält es der Koran für eine Gotteslästerung, den Menschen als Gottes Bild zu sehen. Allah erwartet vom Menschen nur eines: die fraglose Unterwerfung unter seine Gesetze. Jedem Verhalten, das diesen Gesetzen nicht entspricht, wird die Höllenstrafe angedroht. Jesus hatte hingegen bereits den Gehorsam gegenüber den Geboten und Gesetzen Jahwes dort in Frage gestellt, wo sie nicht den Menschen dienen (Sabbatgebote, Kult).

5.3 Gott, der endzeitliche Richter

Der Gedanke eines Endgerichts kommt aus der zoroastrischen Religion der Perser. Er wurde von den Juden zusammen mit der Vorstellung von der Auferstehung der Toten zu diesem Endgericht um die Mitte des 2. Jahrhunderts v. Chr. in den jüdischen Glauben integriert, aber nicht besonders konkret ausgebildet. Aus der Vision in Daniel 7 konnte entnommen werden, dass Gott im letzten Gericht in besonderer Weise für die Seinen, das heißt für die treuen Juden, einstehen wird: „Dem Volk der Heiligen des Allerhöchsten wird das Königreich und die Macht ... gegeben werden" (Dan 7,27), für immer (Dan 7,18). Im Endgericht werden die einen zum ewigen Leben, die anderen zur ewigen Schmach in eine Art Feuerhölle eingehen. Gott ist der Richter.

Im Koran wird Gott als der Richter noch stärker betont als in der hebräischen Bibel. Mit der Drohung vor der Hölle wird in den meisten Suren der Gehorsam gegenüber den göttlichen Geboten eingetrieben. Neben Gott dem Schöpfer (für den Anfang) und Gott dem souveränen Herrn und Erhalter (in der Gegenwart) ist Gott als der endzeitliche Richter auch der Herr über die bleibende Zukunft der Menschen und der Welt.

In der Botschaft Jesu findet sich nichts von derlei Spekulationen. Die jüdischen Gedanken über Schöpfung und Endgericht waren ihm bekannt.

Seine Botschaft befasste sich aber nicht mit Jenseitigem und Zukünftigem, sondern primär mit dem menschlichen Leben im Hier und Jetzt. Der Gedanke an ein Endgericht, in dem für jeden Einzelnen eine Endabrechnung seiner irdischen Taten offengelegt und der Weg in die Hölle oder in das Paradies entschieden wird, spielt bei ihm keine Rolle. Die neutestamentliche Wissenschaft hat festgestellt, dass freilich bereits in den ältesten Texten (Spruchquelle und Markus-Evangelium) „die jesuanische Verkündigung ... stärker auf das Bild eines richtenden und strafenden Gottes hin akzentuiert wurde" (Q 26 f.).

Auch die ausgleichende Gerechtigkeit im Endgericht bietet Jesus nicht als Trost und Ausgleich für ein hier erlittenes Unrecht an. Seine Aufgabe sieht er nicht darin, hier vor dem Endgericht zu warnen oder im Endgericht über das geschehene Böse und Unrechte zu befinden und es zu bestrafen. Seine Botschaft vom Reich Gottes ermutigt vielmehr dazu, selbst ein Leben aus dem Geist der Liebe zu wagen, das dem Bösen wie dem Unrechtgeschehen den Boden entzieht und mehr Gerechtigkeit schafft. Was später in der Bergpredigt zusammengefasst wurde, das sind nicht einzelne Pflichten und Forderungen Gottes, die erfüllt werden müssen, sondern das beschreibt – im Stil und in Entsprechung zu den alttestamentlichen Forderungen – jene Lebenswirklichkeit, in der Menschen von ihren egozentrischen und religiösen Gesetzen zur Liebe befreit und zu einem Handeln aus dieser

Grundhaltung fähig werden. Die Liebe lässt das Gesetz der Vergeltung, der Rache, der Konkurrenz hinter sich. Liebe braucht keine Gesetze und Gebote, sondern macht wach und auch stark für das, was in der Situation zu tun nötig ist. Augustinus formulierte es so: Liebe, und tu, was du willst, d. h. was sich daraus ergibt, denn aus der Wurzel der Liebe kann nichts Böses entstehen. So geschieht Reich und Herrschaft Gottes, wie es im Gebet Jesu erbeten wird. So kommt der Himmel auf die Erde. Wer Jesus auf diesem Weg folgt, für den verliert das Endgericht jede Bedeutung. Es mag stattfinden oder nicht.

Der Glaube an ein zukünftiges Endgericht wurde dennoch von der Kirche in das nicaeno-konstantinopolitanische Bekenntnis und in das Apostolicum aufgenommen und so zum Glaubensbekenntnis der Christenheit erhoben. Die Liebe als die Urquelle christlichen Lebens wird hingegen in keinem Bekenntnis erwähnt. Aber die Angst vor dem Gottesgericht spielte als Drohpotential in der schwarzen Pädagogik vieler Jahrhunderte eine unrühmliche Rolle und erwies sich bis in die Neuzeit als ein Machtinstrument der Kirche bei der Disziplinierung der Gläubigen. Heute hat ein göttliches Endgericht trotz der verbalen Bekenntnisse in den Gottesdiensten der Gemeinden selbst unter katholischen Gläubigen kaum noch Bedeutung.

5.4 Wesenszüge Gottes

5.4.1 In der hebräischen Bibel

Die Wesenszüge Gottes kommen am deutlichsten in seinem Verhältnis zum Menschen und in seinen Forderungen an ihn zum Ausdruck. In der hebräischen Bibel wird das Verhältnis Jahwes zu den Menschen bereits im Bundesschluss, dem konstitutiven Ereignis des Jahwe-Glaubens, definiert: „Ich werde ... euer Gott sein, und ihr sollt mein Volk sein." (3 Mose 26,12) Damit „ist das Verhältnis zwischen Jahwe und Israel mit den Begriffen ‚Gott – Volk' umschrieben, und zwar eben von diesen Begriffen her im Sinne von ‚Herr – Knecht'" (E. Kutsch in THAT 1, 350). Der Herr (hebr.: *adon*) ist immer der Gebieter, der Knecht (hebr.: *äbäd*) ist der Sklave oder Diener (gr.: *doulos*), der die Weisungen des Herrn auszuführen hat. Das wird bereits beim Bundesschluss geklärt: „Wenn ihr aber nicht auf mich hört und nicht diese Gebote befolgt ... werde ich Entsetzen über euch bringen." (3 Mose 26, 14-16) Wie streng dieses Herr-Knecht-Verhältnis der Juden im Verständnis ihres Gottes genommen wurde, dokumentiert eine kleine Notiz in der Weihnachtsgeschichte des Lukas-Evangeliums. Dem gottesfürchtigen Juden Simeon war prophezeit worden, dass er noch vor seinem Tod den Gesalbten des Herrn (Messias) sehen werde. Als Jesu Eltern mit dem Kind in den Tempel kamen, nahm er es auf seine Arme und pries Gott, dass seine Augen den verheißenen Herrn gesehen hatten, und er dankte: „Nun lässt du deinen *doulos* (Knecht/Sklaven/Diener) gehen, Herr." (Lk 2,29) Gott/Herr wird hier als *déspota* im Sinne von Gebieter angeredet.

Nach damaligem Verständnis von „Bund" – also auch im Gottesbund – setzt der Mächtigere stets die Bedingungen. Der Bund besteht dadurch, dass der Mächtigere, also Gott, zu seinem Wort und zu seiner Selbstverpflichtung steht. Im Bund mit Israel hat Jahwe dem Volk nicht nur das Halten von Gesetzen und Geboten auferlegt; er hat zwischen sich und Israel auch eine Art Vater-Kind-Verhältnis gesetzt und sein Volk unter seine Fürsorge und unter seinen Schutz gestellt. Auf diese Funktion des beschützenden und sorgenden Vaters hin wird er von den Jahwe-Gläubigen in den Psalmen auch angesprochen: „Barmherzig und gnädig ist der Herr, langmütig und reich an Güte." (Ps 103,8) Damit ist freilich nicht Mitleid mit der Not seiner Kinder gemeint, sondern umfassend die Treue umschrieben, mit der er zu seinem Bund steht. H. J. Stoebe nennt das „eine willentliche Anerkennung der Vaterschaft mit den sich gegenüber dem Kind daraus ergebenden Pflichten der Lebenssicherung und des Schutzes" (THAT 2, 763).

Seit Jahwe im babylonischen Exil der Juden vom Stammesgott Israels über den Staatsgott zum Schöpfer der Welt und aller Völker aufgestiegen war, brauchte er zwar keinen Namen mehr, der ihn von anderen Göttern unterschied, aber den Charakter des Stammesgottes hat er dennoch beibehalten. Der Jahwe-Name wurde auch nach dem Exil weiterhin noch geschrieben, aber im mündlichen Vortrag wurde er durch „der Name" (*ha schem*) oder durch „Herr" (*adonai*) ersetzt. In der Septuaginta wurde der Name „Jahwe" mit „der Herr" (*kyrios*) wiedergegeben und so in seinem Charakter des Gebietenden, der seinem Volk auch Schutz und Hilfe schuldet, erhalten.

Der Gott der hebräischen Bibel, der von seinem Volk gehorsam erwartet, ist eifersüchtig, ja sogar rachsüchtig und parteiisch. Psalm 145,20 sagt: „Der Herr behütet alle, die ihn lieben, alle Frevler aber wird er vertilgen", und zwar nicht erst im Endgericht, sondern jeweils aktuell. Beispiele dafür tauchen in allen Schichten der hebräischen Bibel auf. Das Grundgebot „Ich bin der Herr, dein Gott … Du sollst keine anderen Götter haben neben mir" (5 Mose 6,6) gilt kompromisslos. Und „wer den (anderen) Göttern opfert, und nicht dem Herrn allein, wird der Vernichtung geweiht"(2 Mose 22,19). Das wurde bereits beim Bundesschluss am Sinai praktiziert. Während Mose auf dem Berg die beiden Gesetzestafeln aus der Hand Gottes empfing, tanzte das Volk unten um ein goldenes Stierbild, das ihm Aaron gegossen hatte. Als Mose vom Berg kam und das sah, versammelte er die Leviten um sich und befahl ihnen, im Auftrag Gottes diese Götzenanbeter zu töten. Dreitausend wurden umgebracht, im Namen Gottes! (2 Mose 32,27 f.). Auch der Prophet Jeremia rief aus dem Exil über die, die im Lande geblieben waren und nun den Baalen nachliefen, Gottes Botschaft aus: „Jerusalem werde ich zu Steinhaufen machen, und die Stätte Judas werde ich verwüsten." (Jer 9,10) „Ich werde ihnen Wermut zu essen und giftiges Wasser zu trinken geben." (Jer 9,14) Der Gott der hebräischen Bibel bestraft seine und Israels Feinde unmittelbar in der Geschichte, sei es durch andere Völker oder selbst. Den Gott, der für sein erwähltes Volk Partei nimmt, kann der Beter auch für sich persönlich in Anspruch nehmen: „Rette mich vor meinen Feinden, mein Gott." (Ps 59,2)

Der Gott der hebräischen Bibel ist rachsüchtig und voller Emotionen: Jesaja droht den anderen Völkern mit einem wütenden und zornigen Gott, „der Völker schlägt in Wut, sie ohne Unterlass schlägt, der Nationen niederschlägt im Zorn, sie schonungslos verfolgt" (Jes 14,6). „Mein ist die Rache und die Vergeltung." (5 Mose 32,35) „Ich will Rache üben an meinen Gegnern und denen vergelten, die mich verachten." (5 Mose 32,41) „Er rächt das Blut seiner Diener und an seinen Gegnern übt er Rache." (5 Mose 32,43) Jeremia spricht vom „Tag der Rache, um sich zu rächen an seinen Feinden. Und das Schwert wird sich sattfressen und satttrinken an ihrem Blut, denn der Herr feiert ein Schlachtfest" (Jer 46,10). Schon Mose verkündete im Namen des Herrn: „Mein ist die Rache und die Vergeltung" (5 Mose 32,35). In Psalm 94,1 kann Gott als „Gott der Rache" angeredet werden, den der jüdische Beter auch gegen seine Feinde anrufen kann: „Vertilge sie im Zorn, vertilge sie, dass sie nicht mehr sind." (Ps 59,14)

Der Gott der hebräischen Bibel ist parteiisch: Er ist wohl der Schöpfer und der Herr aller Völker, seine Zuneigung gilt dennoch dem Volk Israel, das er bevorzugt, schützt und begleitet. Das sind nur jene, die seine Gebote halten. Vor der Überquerung des Jordans hat Jahwe dem Volk noch einen Block von Gesetzen gegeben, die zu halten sind. Dieser Katalog endet mit der Drohung; „Verflucht ist, wer die Worte dieser Weisung (*tora*) nicht hochhält und nicht danach handelt." (5 Mose 27,26) Man erwartet von Gott generell, dass er die bestraft und auslöscht, die vom religiösen Weg Israels abweichen. So wurde in das Achtzehngebet (der achtzehn Benediktionen/Lobpreisungen), das fester Bestandteil jedes jüdischen Gottesdienstes und jedes gläubigen Frommen war, angesichts der Juden, die der Botschaft Jesu folgten, Ende des 1. Jahrhunderts (als Nr. 12) eine weitere Benediktion eingefügt. Sie lautet in der geläufigen Form: „Den Abtrünnigen sei keine Hoffnung und alle Minim (= Häretiker) mögen umkommen in einem Augenblick. (In der palästinischen Fassung heißt es noch konkreter: „Die Nazarener/Judenchristen und die Minim/Häretiker mögen umkommen in einem Augenblick, ausgelöscht werden aus dem Buch des Lebens"). Gepriesen seist du, Herr, der Feinde zerbricht und Freche beugt." (Lohse 2009, 19 ff.) Den Judenchristen wurde es mit dieser gegen sie gerichteten Fluchbitte fortan unmöglich gemacht, an einem Synagogen-Gottesdienst teilzunehmen, in dem sie öffentlich verflucht wurden.

Der Gott der hebräischen Bibel erbarmt sich derer, die ihn lieben (5 Mose 7,9), die ihn fürchten (Ps 103,13), die sich zu ihm bekehren (Jes 55,7). Für die Verehrer Jahwes ist Gott vom Sinai an „ein barmherziger und gnädiger Gott, langmütig und von großer Gnade und Treue" (2 Mose 34,6). Zugleich aber gilt: „Wem ich gnädig bin, dem bin ich gnädig" (2 Mose 33,19). Auf die Gott freistehende Wahl der Zuwendung kann der Beter ihn ansprechen: „Sei keinem gnädig, der treulos frevelt." (Ps 59,6) Wer den Weg verlässt, der Israel in den Gesetzen Gottes vorgegeben ist, der kann von Gott keine Barmherzigkeit erwarten.

Das Liebesgebot ist ganz auf Gott zentriert: „Du sollst den Herrn, deinen Gott, lieben von ganzem Herzen, von ganzer Seele und mit deiner ganzen Kraft" (5 Mose 6,5). Erst in zweiter Linie gilt der Satz: „Du sollst deinen Nächsten lieben wie dich selbst" (3 Mose 19,18), eine Aufforderung die sehr isoliert dasteht. Mit dem „Nächsten" ist hier der jüdische Volksgenosse gemeint. Nach 3 Mose 19,34 wird auch jener Fremdling als Nächster verstanden, der schon angepasst im Lande wohnt. Von der Nächstenliebe bleiben alle Nichtjuden ausgeschlossen, die weder im jüdischen Land wohnen oder nur durchreisen. Der Bibelwissenschaftler H. Greeven präzisiert: „Spätere jüdische Rechtsauslegung hat eine ausdrückliche Begrenzung des Liebesgebotes vorgenommen; sie lässt es nur für die Israeliten und Vollproselyten gelten und schließt den Samariter, den Fremden, d. h. den Ausländer und den

Beisassen, der sich innerhalb von 12 Monaten nicht der jüdischen Gemeinde angeschlossen hat, aus." (ThWbNT 6,313)

5.4.2 Im Koran

Der **Gott des** Korans hat ein gutes Verhältnis nur zu denen, die ihn bekennen und seinen Gesetzen folgen. Er kennt kein erwähltes Volk, da ja alle Menschen von Geburt an Moslems sind. Allah bedient sich bei seinen Strafaktionen nicht fremder Völker und möchte auch nicht selber eingreifen. Er legt vielmehr alles in die Hände seiner Bekenner und verpflichtet sie dazu, wo immer das möglich ist, die Ungläubigen zu töten oder sie zu unterwerfen: „Wenn ihr die Ungläubigen trefft, dann herunter mit dem Haupt, bis ihr ein Gemetzel unter ihnen angerichtet habt." (47,4 MH) Der Koran lässt keinen Zweifel daran, dass mit den Ungläubigen auch die Juden und Christen gemeint sind, die sich nicht zu Allah bekennen wollen: „Kämpft wider jene von denen, welchen die Schrift gegeben ward, die nicht glauben an Allah und an den jüngsten Tag." (9,29 MH) Der Koran enthält etwa 70 Passagen, die zur Gewalt gegen Nichtgläubige (= Nichtmoslems) verpflichten. Selbst vor der Freundschaft mit Nichtgläubigen wird mehrmals gewarnt: „Ihr Gläubigen! Nehmt euch nicht die Juden und Christen zu Freunden. Sie sind untereinander Freunde (aber nicht mit euch). Wenn einer von euch sich ihnen anschließt, gehört er zu ihnen (und nicht mehr zur

Gemeinschaft der Gläubigen)." (5,51; 5,56f. u.ö.) „Wenn Gott wollte, würde er sich (selber) gegen sie helfen. Aber er möchte (nicht unmittelbar eingreifen, vielmehr) die einen von euch (die gläubig sind) durch die anderen (die ungläubig sind) auf die Probe stellen und denen, die um Gottes willen getötet werden, wird er ... ins Paradies eingehen lassen." (47,4) „Die Ungläubigen aber ... werden ihr Quartier im Höllenfeuer haben." (47,12)

Allahs Barmherzigkeit und Gnade, die zu Beginn jeder Sure angerufen wird, gilt lediglich den Gläubigen und jenen Ungläubigen, die gläubig geworden sind: „Gott hat diejenigen von ihnen, die glauben und tun, was recht ist, Vergebung und gewaltigen Lohn versprochen." (48,29) Entsprechend unterschiedlich soll auch das Verhalten der Muslime gegenüber Gläubigen und Ungläubigen sein. Sure 48,29 sagt: „Mohammed ist der Gesandte Gottes, und diejenigen, die mit ihm (gläubig) sind, sind den Ungläubigen gegenüber heftig, unter sich aber mitfühlend (barmherzig)."

5.4.3 Bei Jesus

Jesu Selbstverständnis ist voll eingebunden in das subjektivische Weltverständnis seiner Zeit und Umwelt. Das Gottesverständnis im subjektivischen Paradigma ist inhaltlich nicht festgelegt, sondern lässt Raum für viele Varianten. Das zeigt nicht nur der Blick auf die Wesensmerkmale der polytheistischen Gottheiten, sondern auch der Vergleich innerhalb der abrahamitischen Religionen. Jesus bezieht sich auf keinen Gott, der seine Feinde vertilgt oder sie durch die Hand seiner Anhänger töten lässt. Er bezieht sich auch auf keinen Gott, der sich nur denen gegenüber als barmherzig zeigt, die zu seinem Volk gehören oder in seinem Sinne gläubig sind. Aus seiner Grundhaltung wirbt er darum, selbst mit den Feinden in Liebe umzugehen und für die zu beten, die von Hass getrieben werden (Mt 5,44 f.). Seine Art der Liebe kennt keine verwandtschaftlichen oder völkischen Grenzen. In der Sprache seiner Zeit heißt das: „Seid barmherzig, wie euer Vater (euch gegenüber) barmherzig ist." (Lk 6,36) Das gilt generell und es gilt nicht als Gesetz, das zu erfüllen ist, sondern es erinnert an die uns Menschen mitgegebene Möglichkeit, mit allen Menschen als mit Mitgeschöpfen fair und friedlich umzugehen. Jesus versteht Gott nicht als Gebieter und sich selbst und den Menschen nicht als Gottes Befehlsempfänger. In seinem freien Umgang vor allem mit den kultischen Geboten seiner Religion bringt er zum Ausdruck, dass er sich als Mensch gut ausgerüstet sieht, seine Lebenswelt in autonomer Entscheidung aus dem Geist liebender Zuwendung zu gestalten. Seine Botschaft reflektiert nicht abstrakt das Wesen eines jenseitigen Gottes. Sie macht vielmehr konkret, wie und wo wir durch unser Leben dem Bild Gottes entsprechen und seinen Geist in unserem Zusammenleben zum Zuge bringen. Gott nimmt dort erfahrbare Gestalt an, wo wir jene Möglichkeit des Menschseins voll ausschöpfen, die uns über die kreatürliche Ebene hinaushebt. Gottes Wirklichkeit erweist sich als Weltwirklichkeit dort, wo wir die anderen Menschen als Geschwister annehmen. Diese Grundeinstellung erlöst uns davon, als Konkurrenten im Lebenskampf gegeneinander antreten zu müssen. Sie befreit uns dazu, unbefangen und ohne Vorbehalte aufeinander zuzugehen, in Frieden miteinander zu leben und unsere nahe und ferne Welt als Gemeinschaft zu gestalten.

5.5 Zusammenfassung

Aus der numerischen Einheit der Gottesvorstellung in den Gründungsurkunden der Juden, Christen und Moslems lässt sich keine inhaltliche Einheit herleiten. Das gemeinsame subjektivische Paradigma, in welchem die drei Gottesvorstellungen verfasst sind, kann nur eine formale, aber keine inhaltliche Gemeinsamkeit begründen. Die Vorstellung Gottes als des Schöpfers des Universums erweist sich zwar als die konsequenteste Form der Welterklärung im subjektivischen Paradigma, sie ist aber nur zirkulär zu begründen und enthält keine notwendigen Konsequenzen für das menschliche Leben und Verhalten.

Die Vorstellung Gottes als des endzeitlichen Richters ist erst im 2. Jahrhundert v. Chr. aus der persischen Religion in die jüdische integriert und auch vom Koran übernommen worden. Aber dieses göttliche Richteramt wird in den drei Konzepten unterschiedlich ausgestaltet und definiert. Unterschiedlich ist auch das Verhältnis des jeweiligen Gottes zu den Menschen und das, was er von ihnen erwartet. Unterschiedlich sind schließlich die Wahrheitsansprüche, die Judentum, Jesus und Koran für ihr Gottesverständnis erheben.

Mit der Absicht, ein friedvolles Zusammenleben zu sichern, betonen die offiziellen Vertreter der drei monotheistischen Religionen gegenwärtig immer wieder den gemeinsamen Gott. Diese rhetorische Umarmung schafft aber keine Gemeinsamkeit, sondern hält nur die bestehenden Unterschiede unter der Decke. Der systematische Theologe Michael Weinrich warnt zu recht: „Eine spekulative Überschreitung der eigenen Tradition zugunsten einer wünschenswerten Gemeinsamkeit verbietet sich, wenn Gott nicht zu einer abstrakten Idee verkommen soll. Ein tragfähiger Dialog lässt sich nicht auf Wunschvorstellungen gründen" (Weinrich 2007, 246). Im Zusammenleben der Juden, Christen und Muslime entstehen die Probleme nicht an dem, was wir gemeinsam haben, sondern durch das, was uns unterscheidet und sich zum Teil sogar gegenseitig ausschließt. Die beruhigende Feststellung, dass wir doch alle denselben Gott haben, ist nicht nur sachlich falsch, sie ist auch gefährlich, weil sie genau jene Inhalte ausblendet, die im offenen Diskurs zur Sprache gebracht werden müssten.

6 Schritt in die Gegenwart

Die Urzeugnisse der monotheistischen Religionen sind in der alten Welt entstanden und im subjektivischen Paradigma des Weltverstehens verfasst. Dieses Paradigma begann in Europa seit dem 18. Jahrhundert zunächst unter den naturwissenschaftlich Gebildeten und seit dem 20. Jahrhundert auch im allgemeinen Bewusstsein der Bevölkerung zu zerfallen, besonders dramatisch seit der Mitte des 20. Jahrhunderts. Das neu entstandene funktionale Paradigma hat sich unter dem Einfluss des naturwissenschaftlichen Denkens und des Umgangs mit technischen Geräten zunehmend als selbstverständlich durchgesetzt. Das neue funktionale Paradigma fragt nicht mehr danach, wer das, was ist und geschieht, verursacht hat, sondern wie das, was ist, geworden ist, und wie das, was geschieht, zustande kommt. Es fragt also nicht mehr nach dem Urheber, sondern nach der Ursache. In beiden Paradigmen gilt das Kausalitätsprinzip. Im subjektivischen Paradigma bezieht es sich auf den Verursacher, im funktionalen auf die Ursache.

Solange in einer Kultur das subjektivische Paradigma als die übliche Denkweise galt, war es nicht nur plausibel, sondern denknotwendig, nach dem Verursacher von Geschehen im größten wie im kleinsten zu fragen. Im funktionalen Paradigma ist die Frage nach dem Verursacher eines Geschehens weder notwendig noch plausibel, sondern gar nicht vorgesehen. Damit entschwindet Gott als der Allein- und Letztverursacher ganz unbemerkt aus dem Horizont. Die Berufung auf Gottes Wirken läuft jetzt ins Leere. Eine gottzentrierte Religiosität löst sich in dem Bewusstsein der darin sozialisierten Menschen zwar nicht sofort auf. Sie wird allerdings zum Fremdkörper in einer nunmehr funktional gedeuteten Lebenswelt. Die einen stoßen sie pauschal ab, die anderen ordnen sie mit unterschiedlicher Wertigkeit als privates, abgekapseltes Refugium, als Kulturerbe oder als Folkloregut in ihr normales funktionales Weltverständnis ein. Lediglich religiöse Fundamentalisten reklamieren ihr subjektiv verfasstes Weltverständnis gegenüber dem funktionalen Denken als die inhaltlich absolute Wahrheit. In Deutschland haben sich bereits weit mehr als die Hälfte der Bundesbürger und sogar viele, die noch einer Kirche angehören, vom subjektivischen Paradigma und seinen religiösen Inhalten verabschiedet. Die traditionelle Verkündigung der Kirchen läuft bereits heute an der überwiegenden Mehrheit der Adressaten vorbei.

Mit der gottzentrierten Redeweise ist freilich nicht auch die Botschaft Jesu unverständlich und unplausibel geworden. Jesu Botschaft (in der alten Sprache vom Reich Gottes oder von der Herrschaft

Gottes) als ein Leben und ein Weltgestalten aus der Grundhaltung der Liebe ist unmittelbar verständlich, und zwar unabhängig davon, ob jemand an Gott glaubt oder nicht, ob jemand sich als religiös versteht oder Religion ablehnt und bekämpft, ob jemand einer Kirche angehört oder nicht. Mit seinem eigenen Leben und Wirken verwirklichte Jesus die Botschaft, dass die Liebe, die den anderen wie sich selbst bejaht, ein neues Verhältnis der Menschen zueinander ermöglicht und hervorbringt. Sie lässt uns über alle Unterschiede hinweg einander als Geschwister erkennen und räumt die Schranken weg, die von den absolutistischen Strebungen der Religionen, Ideologien, Wertsystemen, kulturellen und gesellschaftlichen Hierarchien, Besitzverhältnissen und privaten Egoismen errichtet werden.

Jesus macht mit der Botschaft von der Liebe jene Dimension bewusst, die das Menschsein des Menschen von seinem reinen Natursein abhebt. In seiner biologischen Entwicklung wurde der Mensch aus der Instinktbindung seiner tierischen Vorfahren in die Freiheit und damit in die Verpflichtung entlassen, sein Leben und Handeln selbst zu verantworten. Die Botschaft von der Liebe erschließt uns die Urquelle und die Grundhaltung, aus deren Kraft wir aus den Zwängen selbstbezogenen Verhaltens befreit werden und ein friedliches Miteinander aufbauen können. Die Botschaft von einem Leben aus der Quelle der Liebe lässt sich als menschliche Möglichkeit und als Erfüllung von Menschsein ohne jede religiöse Vorgabe konkretisieren. Wäre

Liebe als Grundhaltung nicht im Menschen selbst angelegt und möglich, so hätte sie auch vom Menschen Jesus nicht gelebt und verwirklicht werden können. Im alten Paradigma, wonach alles in Gott gründet, wurde Liebe aus Gott hergeleitet oder mit Gott identifiziert: „Gott ist die Liebe, und wer in der Liebe bleibt, der bleibt in Gott, und Gott bleibt in ihm." (1 Joh 4,16)

Wird ein Gott als Person nicht mehr als selbstverständlich vorausgesetzt, so verlieren damit auch alle seine Offenbarungen, Gebote, Gesetze, Ordnungen und Verpflichtungen, die durch ihn gesetzt sind, ihre tragende Basis, ihre Verbindlichkeit und ihre Legitimation. Das bringt alle Formen von Gesetzesreligiosität in die Krise. Die Kernbotschaft Jesu wird hingegen vom neuzeitlichen Verlust des personalen Gottes inhaltlich nicht berührt. Denn schon im Umgang Jesu mit Ausgegrenzten, Schwachen und Kranken wird Gott nicht als außerirdisches personales Gegenüber, sondern in der Gestalt von menschlicher Liebe erfahren und konkret. Das ist im subjektivischen wie im funktionalen Weltverständnis gleichermaßen zugänglich und verständlich. Liebe als praktizierte Grundeinstellung zu den Mitmenschen wird inhaltlich nicht dadurch mehr, dass sie als eine göttliche Größe verstanden wird, sie wird aber auch nicht dadurch geringer, dass sie ohne Rückbindung an Gott von Menschen gelebt wird. Denn Liebe legitimiert sich allein dadurch, dass sie getan wird. Sie bedarf keiner externen Begründung. Damit fällt auch die von beiden Seiten gepflegte Trennungslinie zwischen Gottgläubigen und Atheisten, zwischen Religiösen und Nichtreligiösen.

Der Gott der hebräischen Bibel wird in seinen Gesetzen konkret. Das Gesetz steht für Gott. Das Heil des Menschen hängt davon ab, in welchem Maß und wie gut er die göttlichen Gesetze erfüllt. Dazu der Bibelwissenschaftler Christoph Levin: „Die Antwort auf Gottes Zuwendung und Verheißung geschieht daher in Gehorsam gegen Gottes Weisung (hebr. *torā*). Die Erkenntnis dieser Tora und die Übereinstimmung des eigenen Seins und Handelns mit der Tora wurden zum zentralen Inhalt jüdischen Glaubens." (Levin 65)

„Islam" bedeutet die fraglose Unterwerfung unter Allah und seine Gesetze. Das gilt hier noch rigoroser als in der hebräischen Bibel. Allahs Wille ist unantastbar, und er will seinen Willen mittels des menschlichen Gehorsams durchsetzen. So geht es im Koran für die Menschen nicht um ein glückliches Erdenleben, sondern um ein gehorsames Leben, das dem Menschen das Tor zum jenseitigen und ewigen Paradies öffnet. Das Schlimmste ist die Verweigerung des geforderten Gehorsams, denn das zieht die ewigen Höllenqualen nach sich.

In den vom Gesetzesdenken geprägten Religionen liegt das Ziel des menschlichen Lebens im Jenseits und in der jenseitigen Zukunft. Alle Gesetze und aller Gesetzesgehorsam, für die das Wort „Opfer" steht, beziehen sich auf den jenseitigen Gott oder auf das Schicksal des Einzelnen im Jenseits.

Wenn Jesus sagt, dass er nicht Opfer, sondern Barmherzigkeit als Ausdruck der Liebe will, so lenkt er damit den Blick von Gott auf den Menschen, vom Jenseits auf das Diesseits und von der fernen Zukunft auf die Gegenwart.

Jede Form von Gesetzesdenken – auch die im Christentum praktizierte – verknechtet den Menschen, erniedrigt ihn zum Befehlsempfänger, zum Vollstrecker eines fremden Willens, zur Marionette und macht ihn zu einem fremdbestimmten Wesen. Indem Jesus die dem Menschen mögliche Liebe selbst wagt und damit auch seine Mitmenschen zu diesem Lebensentwurf ermutigt, befreit er von aller Fremdbestimmung und eröffnet den Horizont für ein selbstverantwortetes Leben, das aus der schöpferischen Kraft des Liebens hervorgeht. Im Gesetzesdenken erkauft sich der Mensch durch seinen Gehorsam sein persönliches Heil. Das in der Liebe gegründete Leben richtet sich auf das gute gemeinschaftliche Miteinander in Partnerschaft, Familie, Gemeinwesen, Volk und Weltgemeinschaft und sucht nach einer Welt, in der wir voreinander keine Angst haben müssen, sondern einander wahrnehmen und füreinander offen und da sind . Die liebende Zuwendung zu unseren Mitmenschen, die als schöpferischer Grundimpuls in die Gemeinschaft eingebracht wird, hat dieses Potenzial.

Eine Erinnerung

an das Thema dieser Arbeit, um falsche Schlüsse daraus abzuwehren

Die hebräische Bibel, das Neue Testament und der Koran sind die Urdokumente, die in Judentum, Christentum und Islam jeweils als für den Glauben normativ gelten. Diese normativen Texte wurden in der Geschichte der einzelnen Religionen auf vielfache Weise kommentiert, gedeutet, ergänzt und akzentuiert. Das führte in allen drei Religionen zur Bildung unterschiedlicher Schulen, Traditionen und Glaubensrichtungen, die einander oft sogar feindlich gegenübertraten. Zwar beziehen sich alle Gruppierungen auf ihre Urdokumente, aber in welcher Auswahl und Akzentuierung das im Gottesverständnis der Fall ist, kann nur im Einzelfall geklärt werden. Trotz der gleichen Urdokumente beziehen sich orthodoxe Juden oder fundamentalistische Christen auf Gottesvorstellungen, die sich von liberalen Zeitgenossen erheblich unterscheiden. Dschihadisten richten ihr Handeln nach einem anderen Allah aus als Muslime, die ihren Glauben seit Generationen als Minderheit innerhalb der westlichen Kultur leben. Jede Traditionslinie versteht das in ihr geltende Gottesprofil als das Original und als authentisch und normativ, und zwar besonders dort, wo es sich von den anderen Traditionslinien oder Konfessionen unterscheidet.

Hier wurde versucht, das Gottesverständnis des Judentums, Jesu und des Islams nach dem Selbstverständnis der hebräischen Bibel, der Botschaft Jesu und des Korans darzustellen. Erst von diesen vorgegebenen Gottesverständnissen her lässt sich erkennen, in welchem Maße die Äußerungen des einzelnen Juden, Christen oder Muslims mit jenem Gottesverständnis übereinstimmt oder davon abweicht, das die Basis der jeweiligen Religion bildet.

Ein Nachwort,

das besonders die im traditionellen Kirchenglauben beheimateten Leserinnen und Leser nicht überschlagen sollten

Leserinnen und Leser mit traditionellem kirchlichen Hintergrund werden bei der Darstellung des Gottesverständnisses Jesu vieles vermissen, was nach ihrer kirchlichen Lehre unverzichtbar dazugehört, so zum Beispiel

- Jesu Adoption zum Sohn durch den Vater bei der Taufe (Mk 1,9-11);
- die selbstverständliche Vorstellung des göttlichen Vaters im Himmel, dessen Kinder wir sind und von dem wir alles Gute erbitten können (Mt 7,11);
- Jesu Lobpreis des Vaters, der ihm alles übergeben hat (Mt 11,25-27) und in dessen Auftrag Jesus handelt;
- (bis hin zu) Jesu Anrufung des Vaters vom Kreuz aus (Mk 15,34; Lk 23,34);
- die Sendung des Sohnes als Messias und als Erlöser der Welt;
- das Endgericht des Vaters und des Sohnes, zu dem alle Toten auferweckt werden.

Zweifellos hat Jesus seine Botschaft in den damals üblichen Ausdrucksformen seiner jüdischen Religion zum Ausdruck gebracht. Wer sich verständlich machen will, kommt nicht darum herum, dies in den Denkformen und Symbolen seiner Adressaten zu tun. Nur dürfen die Ausdrucksformen einer Botschaft nicht für deren Inhalt genommen werden.

Es ist ja nicht zu bezweifeln, *dass* Jesus in den Ausdrucksformen seiner Umwelt gesprochen hat. Damit ist aber noch nichts darüber gesagt, *was* er im Medium dieser Ausdrucksformen inhaltlich zum Ausdruck gebracht hat. Das muss nämlich erst vom Zentrum seiner Botschaft her ermittelt und gewichtet werden, nämlich im Licht seiner Ausrufung des Reiches Gottes. Diese Botschaft holt den Himmel gleichsam auf die Erde, sie weist auf das Ewige im Jetzt und auf das Jenseitige im Diesseits, und sie macht das Göttliche im Menschen offenbar, erfahrbar und wirklich. Sie spricht von Gott als einer Realität des Menschlichen und im Leben Erfahrbaren, nicht vom Menschen als einer aus Gott abgeleiteten Realität.

Wir haben die Botschaft Jesu nur in der Deutung und in der Aneignung seiner Jünger, und zwar in unterschiedlichen Versuchen in den Evangelien, in den Briefen des Apostels Paulus, im Brief an die Hebräer, in den johanneischen und nichtpaulinischen Briefen und darüber hinaus in anderen Schriften, die nicht in den Kanon der biblischen Bücher aufgenommen worden sind. Die Texte und Zitate Jesu sind uns zum Teil nur „gefärbt" und sprachlich vom Verständnishorizont des jeweiligen Verfassers geformt überliefert und eingezeichnet in den Hintergrund seiner Adressaten. So hat zum Beispiel der

Jude Matthäus, der für jüdische Leser schrieb, bereits vieles von dem, womit Jesus das jüdische Denken gesprengt hatte, wieder in das jüdische Denken zurückgebunden. Paulus, der für hellenistische Leser schrieb, musste die Botschaft Jesu, wie er sie verstand, in die Sprache seiner hellenistischen Hörer transponieren.

Jeder Inhalt, der kommuniziert werden soll, bedarf eines Gefäßes, mit dem das zu erreichen ist. Das Gefäß kann eine Handlung, eine Geste, die Sprache, ein Symbol u.a.m. sein. Die Form der Gefäße darf aber nicht für den Inhalt genommen werden, der darin transportiert wird. Schon I. Kant hat die religiöse Rede davor gewarnt, „die bloße Vorstellung einer Sache mit der Sache selbst für gleichgeltend zu halten" (Rel B 256).

Zitierte Literatur

Gassen, H., Das Gehirn, Darmstadt 2008
Gunneweg, A., Geschichte Israels bis Bar Kochba, Stuttgart 1972
Henning, M., Der Koran – Vollständige Ausgabe, Nicol Verlag, 5. Aufl. 2015
Lohse 2009, E., Vater unser – Das Gebet der Christen, Darmstadt 2009
Özbe, U., Strengt euch an, in: Die Zeit vom 28.4.2016, S. 56
Ohlig, K. H., Religion in der Geschichte der Menschheit. Die Entwicklung des religiösen Bewusstseins, Darmstadt 2002
Paret, R., Der Koran, Stuttgart 7. Aufl. 1996
Q = Die Spruchquelle Q, hgg. von P. Hoffmann und Chr. Heil, Darmstadt 4. Aufl. 2009
Qutb, S., entnommen Barbara Köster: Politischer Islam - Demokratie ist Volksverhetzung, Tichys Einblick vom 22.4 2016
Theissen 2001, G., Die Religion der ersten Christen. Eine Theorie des Urchristentums, München 2. Aufl. 2001
ThWbNT = Theologisches Wörterbuch zum Neuen Testament, begr. von G. Kittel, hgg. von G. Friedrich, Bd. 1-9, Stuttgart 1933-1979
Weinrich, M., Glauben Juden, Christen und Muslime denselben Gott? in : Ev. Theol.67. Jg., 2007, Heft 4, S. 246-263
Zürcher Bibel, Zürich 2007

Weitere Veröffentlichungen des Verfassers

- **Glaubensaussage und Sprachstruktur**, Furche-Verlag, Hamburg 1972
- **Sprachwissen für Theologen** (Hg.), Furche-Verlag, Hamburg 1974
- **Thematischer Dialoggottesdienst**, Furche-Verlag, Hamburg 1975
- **Trauung aktuell**, Claudius Verlag, München 1976
- **Schnellkurs CHRISTENTUM – Werden und Inhalte der christlichen Religion**, DuMont Verlag Köln, 3. Aufl. 2006
- **Musste Jesus für uns sterben? Deutungen des Todes Jesu**, Theologischer Verlag Zürich 2008
- **Haben Christen drei Götter? Entstehung und Verständnis der Lehre von der Trinität**, Theologischer Verlag Zürich 2008
- **Schöpfung und Urknall – Klärendes zum Gespräch zwischen Glaube und Naturwissenschaft**, Theologischer Verlag Zürich 2009
- **Gemeinsames Abendmahl? Zum Abendmahlsverständnis der großen Konfessionen**, Theologischer Verlag Zürich 2009
- **Einheit der Kirche? Zum Kirchenverständnis der großen Konfessionen**, Theologischer Verlag Zürich 2010
- **Die Wunder Jesu**, Imhof Verlag, Petersberg 2010

- **Christlicher Glaube – was ist das? Klärendes, Kritisches, Anstöße,** Theologischer Verlag Zürich 2011
- **Der Auferstehungsglaube – Herkunft, Ausdrucksformen, Lebenswirklichkeit,** Theologischer Verlag Zürich, 2012
- **Sprache und Gottesglaube – Wie kann man heute von Gott reden?** Deutscher Wissenschafts-Verlag, Baden-Baden 2012
- **Alternativlos? Europäische Christen auf dem Weg in die Minderheit,** Theologischer Verlag Zürich 2014
- **Die eine Wahrheit? Wahrheit in Philosophie, Wissenschaft und Religion,** Theologischer Verlag Zürich 2015
- **Sind die Kirchen noch zu retten? Die europäischen Christen vor den Herausforderungen durch den Kulturwandel,** BoD: Norderstedt 2015